東大教師　青春の一冊

東京大学新聞社 編

信山社

はしがき

いったいいつ頃から、私たちは「青春」という言葉を、気恥ずかしさや懐古的な気分のなかでしか使えなくなってしまったのだろう。もはや少年でも、少女でもない。しかしまだ、大人ではない。この「もはや」と「まだ」の中間に位置する瞬間。そのなかで私たちは煩悶し、暴走し、衝突し、没入し、いまだ知らざる自分と出会う。そんな瞬間が、言葉は廃れても今もまだ若者たちの人生には存在しているのだと信じたい。そしてまさにこの瞬間、人との出会い、本との出会いが、その後の人生を決定するほどの影響力を持つ。

私にとって、それは演劇だった。授業をさぼって新宿や原宿のロック喫茶にたむろする中途半端な高校生だった私にとって、記憶力を試される文系科目はお手上げで、入試対策から理系を選んで「理I」に入ったはいいが、学問をずっと続けていくことになるなど思いもよらなかった。そんな私がやがて「文転」を決意するのには、やはり演劇の影響が大きかった。当時、駒場寮裏手に「駒場小劇場」と呼ばれた倉庫的なスペースがあり、そこを拠点に学生諸劇団が活動していた。学部時代、私は授業に出るよりははるかに多くの時間を、如月小春らの劇団綺畸の一員として過ごしていた。当時、わたしが演劇に惹かれたのは、本番の舞台以上に「エチュード」と呼ばれた稽古場のボルテージの高さに原因があった。異なる身体と言葉がぶつかり合い、一回ごとに異なるドラマが生まれてくる。私は次第に演劇という場の力、人々が集まることからドラマが生まれてくることの意味を、自分の人生のなかで可能な限り深く考えてみたいと思うようになっていった。

だから当時、相当数の演劇書をむさぼり読んだ。ピーター・ブルック『なにもない空間』（晶文社、一九七一年）やヤン・コット『シェイクスピアはわれらの同時代人』（白水社、一九六八年）、イェジュ・グロトフスキ『実験演劇論』（テアトロ、一九七一年）、アントナン・アルトー『演劇とその形而上学』（白水社、一九六五年）、フランシス・イエイツ『世界劇場』（晶文社、一九七八年）等々、今も記憶に残っている。唐十郎や寺山修司の演劇論は、まだ本の形ではまとまってはいなかったのではないか。だから、同時代の舞台を観つつ、翻訳版の演劇書を読み、自らのしていることを考えようとしていたのだと思う。もしもそうしたなかで一冊だけを挙げるなら、たぶん私はミハイール・バフチーンの『フランソワ・ラブレーの作品と中世・ルネッサンスの民衆文化』（せりか書房、一九七四年）を挙げるだろう。これは、狭義の演劇書ではないのだが、私はこれを演劇書、それも全体主義的な体制のなかで構想された強靭な演劇書として読んだ。

「はしがき」の役割から脱線しすぎた。私の個人史はさておき、本書の価値について述べておく必要がある。本書は何よりも、東京大学の知の中核をなす八〇名の第一線の学者たちの「青春」が凝縮されているところに魅力がある。その一つ一つが、それぞれの達人がかつてたどった人生の転機、そのなかで本が果たした力をヴィヴィッドに語る。正直、こんなに贅沢な本は滅多にない。この八〇名、いずれも東大の、というよりも日本の知のトップランナーたちばかりである。その彼らが現在につながる自分を見出していった瞬間の「本との出会い」がここに凝縮されている。この一冊にまとめあげられるまで、東京大学新聞は長い時間をかけて寄稿の連載を続けてきた。「えっ、この人がこんな本を読んでいたのか」と驚かされる文章もあるし、「やっぱり、そうだよね」と納得する文章もある。そのすべてに人生があり、それぞれの人生はただ一回だけのものだ。

もちろん、東大教師は決して一般的な人生のモデルではない。相当に特殊な人々で、社会全体がこんな人々だったら、たちまち日本社会は崩壊してしまうだろう。しかし彼らは、日本でもっとも多く本を読み、膨大な知と向き合い、何がしかを本気で深く考え続けた人々なのだ。彼らの「青春の一冊」、つまり人生を決めた一冊を知ることは、冒頭に述べた「すでに」と「まだ」の中間にたたずむ読者の未来に、圧倒的に役立つに違いない。

二〇一三年二月

東京大学新聞社理事長　吉見　俊哉

目次

I　研究編

第一章　研究者となることを決めた

1

未開の分野への情熱生む

『発生生理学への道』

オットー・マンゴルド（佐藤忠雄訳）

（法政大学出版局、一九五五年）

浅島 誠（東京大学名誉教授）

たった一冊の本が自分の将来を決めることがある。本と人とは偶然的また必然的な出会いである。

大学四年生の時、高校教師になるために「教育実習」を都内の進学校で行った。生徒に生物学の面白さと生命の不思議さを教えることができる場であった。若さゆえにと思うが、こちらが実験を用意し、熱心に教えてもどうしても生徒に私の生物学への想いが伝わらなかった。それまで持っていた高校教師の夢が砕かれ、現実に戻って進路を改めて考えていた。大学の図書館や神田の古本屋に数日間通い詰め、ふと手にした本がこの『発生生理学への道』であった。

生徒達にも語りかけ、私自身最も興味のあった「卵から親になる仕組み」が見事に書かれていた。内容はシュペーマンの生涯を中心にして、オーガナイザー（形成体）の発見を書いた本である。これは発生生物学では二〇世紀最大の発見の一つにあげられるが、原口上唇部に「形づくりのセンター」があることを、シュペーマンとマンゴルド夫人のまさに二人三脚によって突きとめた発見であった。そして二人は一九二四年に共著で論文を発表することになるが、その二カ月前、マンゴルド夫人は夕食の支度をしていた時、油でやけどをして亡くなってしまった。一方、シュペーマンはこの成果によって一九三五年にノーベル生理・医学賞を受賞する。よくあることであるが大発見の影には必ず女性の発見や協力がある。いずれにしてもこの本を読んで興奮し、再び研究への情熱がかき立てられた。

そこでまず日本ではこの分野の第一人者であった東大理学部の藤井隆教授のもとで大学院生になったが、「浅島君、これは難しいから手を出さない方が良いよ、大学院では他のテーマをやりなさい」と言われた。大学院生活五年を終え、博士の学位を取って世界を見廻してみると、真正面から取り組んでいるのはドイツのティーデマン教授夫妻の研究室のみであった。躊躇することなくそこに行くことに決めたが、周りの目は冷たかった。これはドイツ留学から帰国して横浜市立大学に助教授として赴任してからも同じで、「誘導物質の探索と同定」を研究することへは厳しい目と冷たい視線があったが、私にはそれ以上にこの「オーガナイザー」の研究が面白く、楽しいものであった。
一五年の歳月をかけてやっと未分化細胞をアクチビンというタンパク質で処理すると、脊索を作ることを初めて見つけた。脊索こそがオーガナイザーの本体であった。一九八九年のオランダで開催された国際発生生物学会で発表した。その後、この分野は堰を切ったように分子生物学者や今まで見向きもしなかった研究者がどっと入ってきて、まさに戦場のような競争のテーマとなった。長い沈黙の時から一気に脚光を浴びる世界の扉を開けた喜びは大きかった。しかし私にとってアクチビンの発見は次の器官形成や分子発生学そして再生科学への入口であったのである。この一冊の本とのめぐり合いは私にとってかけがえのないものであり、その後の人生に大きな影響を与えてくれた。

（二〇〇四年五月二五日号）

浅島 誠（あさしま まこと）

〈執筆者紹介〉

一九七二年理学系研究科博士課程修了。博士（理学）。横浜市立大学教授等を経て、一九九三年より教養学部教授（一九九六年より総合文化研究科教授）。二〇〇七年名誉教授、同年副学長・理事。主要著作に、『発生のしくみが見えてきた』（岩波書店、一九九八年）、『分子発生生物学』（裳華房、二〇〇四年）など。

2

おのれの守護神を信じた職業選択

『職業としての学問』

マックス・ウェーバー（尾高邦雄訳）

（岩波書店、一九八〇年）

長谷部 恭男（法学政治学研究科教授）

私の人生に大きな影響を与えた本を一冊、紹介せよとのご注文である。学生時代に影響を受けた本は何かあったろうかと考えてみたところ、定番ながら『職業としての学問』が思い浮かんだ。本書を読み終えたとき（教養学部二年生終わりの春休みだった）、自分は学者になろうと思い立ったことを思い出したからである。とはいえ、なぜそう思い立ったか、今となっては定かでない。

というわけで久し振りに本書を読み返してみた。最初に指摘されているのは、大学や研究所で安定したポストを得ることが、本人の才能よりはむしろ僥倖に依存しているという事情である。ウェーバーは、「私のやうな者でもかうした全くの偶然のお蔭で、ほかに私と同年配で疑もなく私以上に適任の人があつたにも拘わらず、まだ若い頃一學科の正教授に任じられた」ことをその例証として挙げている。彼の場合はただの謙遜であるが、私自身については、純粋に僥倖によって若い頃から比較的順調にポストを得てきたことは疑いがない。

さらにウェーバーは、研究者としての素質と教師としての素質が必ずしも一致しないことを指摘する。教育の才能、つまり学問を未知の人々に理解させ、かつ、学問上の問題を自ら考えるよう導く技術は、「畢竟個人的な天賦」であって、同一人が研究者としての才能と教師としての才能を併せ持つことは偶然でしかない。その意味でも、学者の生活は僥倖の支配下にあるというわけである（これもその通り）。

しかし、本書の魅力は後半部分にこそある（ことに改めて気がついた）。そこでは、学者が専門家としての自己の仕事と自分の人生とを切り分けるべきことが、いくつかの局面にわたって指摘される。研究者はあくまで自己の仕事に仕えるべきであって、自分の生活経験や個性を研究成果に示そうとしてはならない。また、教壇に立つときも、自らの世界観・人生観に基づき、預言者として聴衆を指導しようとしてはならない。

私はウェーバーの専門家ではないので、とんでもない誤解があるかもしれないが、彼のいっているのは、次のようなことである。かつて、人は社会全体に共通する世界観・人生観に基づいてこの世の中を意味づけて暮らしていた。そこでは、仕事と自己を全人格的に統合させることも容易だったであろう。しかし、魔術が解け、数多くの、互いに両立することのない神々が相争う現代社会では、それは不可能である。せいぜい、比較不能で多様な価値秩序が共存する事態を認識するとともに、それにもかかわらず、社会生活の便宜に与かろうとする人々に役立つ合理的な知識や技術を、学者は細分化したそれぞれの専門分野での仕事を通じて社会に提供していくしかない。そして、仕事の選択はおのれの守護神（デーモン）を信ずることであって、その合理的な根拠づけはありえない。

あのとき私も、自分の守護神を信じたのだった。三〇年経って気がつくというのもうかつな話ではある。

（二〇〇五年六月二八日号）

〈執筆者紹介〉

一九七九年法学部卒業。学習院大学助教授等を経て、一九九五年より現職。専門は憲法学。主要著作に『法とは何か』（河出書房新社、二〇一一年）、『憲法の imagination』（羽鳥書店、二〇一〇年）、『憲法の理性』（東京大学出版会、二〇〇六年）など。

3

近い存在になったアインシュタインと相対性理論

『物理学はいかに創られたか（上・下）』

アインシュタイン＝インフェルト（石原純訳）

（岩波書店、一九六三年）

杉原 厚吉（明治大学特任教授）

高校時代の私は、受験戦争にどっぷりとつかっていた。その中で、「受験までは問題の解き方を学ぶが、大学へ入ってからは勉強の仕方を学ぶという楽しい世界が待っているから、今は苦しくても頑張れ」ということを、まわりからよく聞かされていたように思う。無事大学に合格して、これからは勉強の仕方を学ぶんだと漠然と思っていた頃に、偶然本屋さんでこの本を見つけた。

アインシュタインという超有名な名前にはあこがれていたし、タイトルが勉強の仕方につながりそうだと感じたから、敷居は高そうだったけれど、理解できなくてもダメモトというつもりで買って読み始めた。

『物理学はいかに創られたか（上・下）』

この本は、そのタイトルのとおり、物理学がどのようにして創られてきたかを解説したものである。その中には、相対性理論が生まれた過程も書いてあった。この理論を創った本人が書いたその解説は、なんとすらすら読めるということにまず驚いた。どのような観測系で測っても光の速度が同じであるという観測結果を理解しようとしたらこう考えるしかないという道筋で、時間の進み方が観測者によって異なるという相対性の基本に至る道がとてもやさしく解説されていた。

これを読んだときの印象は、「なーんだ。物理学の新しい発見というのは、観測データを素直に眺めていれば得られるんだ」というものであった。今思えば、コロンブスの卵の話を聞いたあとでは自分でもできそうだと思うのと同じで、素朴で単純な浅い理解であったが、こういう素朴さ、単純さこそ青春の特権かもしれない。それまでは、相対性理論というのは高度な数学の知識がないと理解できない難解なものであって、それを発見することは天才だけにしかできないことであるという噂程度の知識しかなく、アインシュタインも相対性理論も遠い遠い存在であった。それが、この本を読んで、こういうことなら僕にもできるかもしれないという自信のようなものが湧いてくると同時に、研究者へ自分が一歩近づいたような気にもなれた。この自信はきっと私の身勝手な錯覚であったのだろうと思うが、そういう錯覚も青春のうちであり、この本には感謝している。

杉原 厚吉（すぎはら こうきち）

今回、この欄へ執筆を依頼された機会に、この本を読み直してみたが、改めてすばらしい本だと感激を新たにすることができた。私の記憶の中では、相対性理論が生まれた過程が明解に書かれていたというのが強烈な印象であったが、実は、力学、電磁気学、量子力学なども含めた物理学の発展の歴史を、自然界に関する観測データをできるだけ簡潔に説明しようとする科学者の共同作業という見方で丁寧に解説したものである。物理学の大きな流れを心を込めて説明しようとする、著者の気持ちが切々と伝わってくる本である。

（二〇〇七年二月六日号）

〈執筆者紹介〉

一九七三年工学系研究科修士課程修了。工学博士。名古屋大学大学院助教授等を経て、二〇〇一年より情報理工学系研究科教授。二〇〇九年より現職。専門は数理工学。主要著作に、『形と動きの数理―工学の道具としての幾何学』（東京大学出版会、二〇〇六年）、『理科系のための英文作法』（中央公論新社、一九九四年）、『エッシャー・マジック』（東京大学出版会、二〇一一年）など。

4

音楽に別れを告げ、美学の道に
『マルクス主義の地平』
廣松　渉

（講談社、一九九一年）

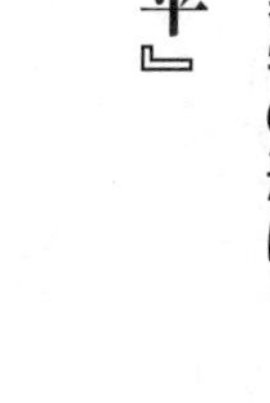

小田部　胤久（人文社会系研究科教授）

大学に入学する二年ほど前から、文学部で美学を勉強しようと志していた。ただしそれは、音楽家（特に作曲家）になりたいという漠然とした夢の一環としてのことであった。音大に進むよりは、一般の大学で勉強した方が、音楽家としてもより幅の広い活躍ができるのではないか、と（不遜にも）思っていたからである。だから、入学後は音楽に全身のめり込んだ。幼少の頃から個人的に楽器を習っていたが、さらにオーケストラ部に入り、「疲れた」が口癖の多忙な毎日を送っていた。

とはいえ、美学を勉強したいという気持ちに変わりはなく、一年生の時には文学部美学科の要望科目のギリシア語・ラテン語などにも手を出し、英語以外の授業はまじめに出席、

小田部 胤久（おたべ たねひさ）

いわば二足のわらじを履いていた。二年生になったころからどちらかに集中したいと思うようになり、後もう少しで音楽の道を選ぶところだったが、先輩のヴァイオリン発表会にピアノ伴奏で出演した謝礼で、ふと一年生の時に哲学史を習った廣松先生の本を購入。六月二六日のこと。

現代思想の旗手として名を馳せていた先生の著作をそれまで読んでいなかったことが不思議なぐらいだが、近代世界を批判的に対自化するこの書物を読み始めて目から鱗の体験。居ても立ってもいられない状態になり、誰にも相談せずに七月のサマーコンサートでオーケストラを突然退部（四年生の時にコンサートマスターを務める、という責任を放棄したことには今でも心の痛む思いがする）、また八月半ばには音楽の師匠のもとに別れを告げにでかけ、勉強に専念することにした。二年生の後期からは、先生が教養学科で担当されていたカントの演習に参加、先生に直接手ほどきを受ける機会に恵まれた。もしもこの書物と出会わなかったならば、美学科の雰囲気に違和感を覚えていた私は、おそらく予定通り（？）音楽の道に進んでいたことだろう。

無論、この書物は直接に美学的問題を扱っていたわけではなかったし、美学はそもそも先生の関心の内にほとんど入っていなかった。それでも、私はこの書物によって美学を研究するように決定づけられた。今から振り返るに、あの居ても立ってもいられないような状態、それは私が音楽の体験を通して味わっていた興奮にも似たものだったように思う。また、その後研究（のごときもの）を行うようになって、過去のテクストを解釈することには過去の作曲家の作品を解釈・演奏するのと同様の創造性があることに、また論文を書くことには曲を作るのと同じ楽しみ、つまり、構想を温め細部から全体を作り上げていくときの発見の喜びがあることに気づいた。

その意味では、どちらの道を選ぼうとも大差はなかったのかもしれない。先生の本と出会わずに音楽家になっていたとしても、きっと美学的な書物を読み、美学的な事柄について文章を書いていただろう。とはいえ、美学の「近代性」を批判的に主題化するという私の現在の課題は、顧みるならば、確実に廣松先生のマルクス観から受け継いだものである。無論先生はこんな私の回顧を一笑に付されるであろうが。

（二〇〇六年二月七日号）

〈執筆者紹介〉

一九九二年人文科学研究科（当時）博士課程修了。神戸大学助教授等を経て、二〇〇七年より現職。専門は美学芸術学。主要著作に『象徴の美学』（東京大学出版会、一九九五年）、『西洋美学史』（東京大学出版会、二〇〇九年）、『芸術の逆説』（東京大学出版会、二〇〇一年）、『芸術の条件』（東京大学出版会、二〇〇六年）など。

5

時代遅れだが心酔する明快さ
『言語にとって美とはなにか』

吉本隆明

（角川書店、二〇〇一年）

橋元 良明（情報学環・学際情報学府教授）

私は一九七四年に東京大学文科Ⅲ類に入学した。前年一九七三年の一〇月に日本を襲った第一次オイルショックは、翌年も日本経済に暗い影を落とし、戦後初めてのマイナス成長を記録している。中小企業の倒産が相次ぎ、テレビの深夜放送は自粛された。晴れて東京に出てきたものの、「省エネ」とやらで新宿歌舞伎町は「不夜城」の名を返上していた。

我々の世代は、中学生から高校生にかけて「全共闘」の自滅から一連の連合赤軍事件をはた目で眺め、一方で三島由紀夫の割腹自殺の報道にも接している。左翼にも右翼にも何の幻想も抱くことができず、政治思想的には完全にノンポリ世代である。同じ年生まれ（一九五五年生まれ）でも、江川卓、掛布雅之、中野浩一などのスポーツ選手や西城秀樹、郷ひろみなどの芸能人ばかりが目立っている。

そのような時代風土の中で、私は実社会の仕組みや政治思想に何の興味も持てず、人間の内面や生きること自体の意味に関心が向いた。当時の背伸び学生のならいとして、フロイトや実存主義は一応「卒業」したつもりになって大学に進んだ。もっとも『存在と無』はいたるところ傍線だらけにしたものの、ほとんど理解できなかった。

吉本隆明の詩作と文学論には高校時代から触れていた。容赦なく既成権威をこき下ろすつっぱり左翼の顔と繊細な叙情性の取り合わせが面白かった。大学進学後、授業も予想通り退屈ですぐさぼることを決め、下宿で暇を持て余して早々に手に取ったのが『吉本隆明全著作集六　文学論Ⅲ　言語にとって美とはなにか』（勁草書房）である。

そこで展開される言語起源の考察や「意味の意味」に関する分析は、後から振り返れば、当時の世界の言語哲学水準からみればアナクロであったかも知れない。少なくとも、大学院生に対する修論指導風にいえば、「勉強不足」である。しかし「自己表出／指示表出」という極めて単純明快な概念を基礎として近代文学の展開や「文学の価値」について語られるのを目の当たりにして、いまだ「構造主義」も知らない凡庸学生は目からうろこの感激を覚えた。「理論は現実をさばくことができる」。経済理論でも心理学でもなく、言語思想と文芸の結び付きから胸が高鳴ったことを覚えている。

橋元 良明（はしもと よしあき）

この期待は、その後、構造主義や言語学に関する「まじめなお勉強」のきっかけとなった。ただし、学科は、人間心理への未練から心理学科を選択し、最初の懸念通り幻滅していったん大学を離れた。その後、言語への興味がぶり返して社会学系大学院に進み、言語哲学をベースにコミュニケーション論に携わることになった。もし『言語美』で味わったある種の感動がなければ、私はひとたび社会に出たあと、研究者の世界に戻ることなど考えなかったと思う。

今では専門はむしろメディアに関する社会心理学者といった方が近い。しかし、研究者としての原点は、吉本が『言語美』で描いた言語の本質とコミュニケーションへの洞察に対する憧憬にある。学生時代に読む本の価値は、必ずしもその内容ではなく、どれだけ本気で背伸びする気にさせるかにあると考えている。

（二〇〇六年五月三〇日号）

〈執筆者紹介〉

一九八二年社会学研究科（当時）修士課程修了。社会情報研究所教授等を経て、二〇〇〇年より現職。専門はコミュニケーション論・社会心理学。主要著作に、『背理のコミュニケーション』（勁草書房、一九八九年）、『メディアと日本人』（岩波書店、二〇一一年）、『ネオ・デジタルネイティブの誕生』（共著、ダイヤモンド社、二〇一〇年）など。

6

中国留学への面接に役立つ
『原典中国近代思想史（第二冊）洋務運動と変法運動』ほか

西　順蔵　編

（岩波書店、一九七七年）

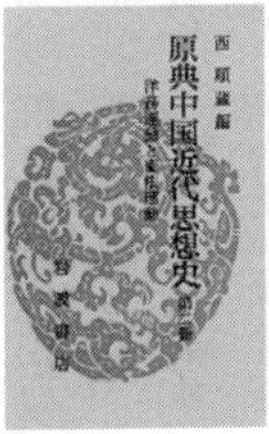

高見澤　磨（東洋文化研究所教授）

一九七七年に大学に入った時には中国語と法律を勉強してチャイナビジネスのできる弁護士になろうという漠然とした考えはあった。しかし、具体的に何をすればそうなれるのかは考えなかった。司法試験の勉強が必要だということさえ気が付かなかった。従って中国語や中国関係のことばかり勉強していた。その中で読んだものの一冊が西順蔵編『原典中国近代思想史　第二冊　洋務運動と変法運動』（岩波書店、一九七七年）である。譚嗣同の「仁と学」を読むためである。

一九七九年に法学部に進学した。授業はきちんと出ていたし、予習・復習していたけれども、なんとなく分からない、という日々を過ごしていた。学部三年生の終わりか四年生

高見澤 磨（たかみざわ おさむ）

の初めにイェーリング『権利のための闘争』（小林孝輔＝広沢民生訳、日本評論社、一九七八年）（一九八四年には村上淳一訳が岩波書店から出る）とH・ケルゼン『法と国家』（鵜飼信成訳、東京大学出版会、一九六九年）を読むと、驚いたことに授業が分かるようになった。加えて一九七九年から中国は本格的に立法活動を行うようになっていたので、中国法についても自分で勉強するようになった。

もしもう少し早く法学の授業が分かるようになっていれば素直に司法試験の勉強をしていただろうし、分からないままであればさっさと民間企業に就職してチャイナビジネスの修業をしていただろう。中途半端な時期に法学が面白くなってしまったので、留年することにし、また、留年するならばそれなりの理由が要るので、外交官試験（当時）を受けることにした。もし受かれば中国に行かせてもらうというほどの考えであった。それなりに勉強したが、五年生の時に受験して不合格。夏には企業の人事担当者と会って（内）内定をいくつかもらった。しかし一〇月、ジョギング中に気が変わって大学院法学政治学研究科を受けることにし、内定をくれた所に謝りに行って二カ月間受験勉強して合格した。

博士課程二年目に中国に留学しようと思い、一年目にはそのための手づるを奨学金を探した（一九八四年時点では中国の大学法学部は外国人留学生を正式には受け入れていなかった）。ある財団が利用可能であると考え、応募し、面接に進んだ。面接の課題の中に面接担当者

『原典中国近代思想史（第二冊）洋務運動と変法運動』ほか

が留学予定先言語で質問し、それにその言語（私の場合は中国語）で答えるということも含まれていた。「商社の中国室あたりのおじさんを借りてきたのか」という程度にやや余裕を持って答えていた。中国史の中でもっとも尊敬するのは誰か、と聞かれたので、譚嗣同であると答えた。ここで上記一冊目が役に立った。この「おじさん」は後で故・衛藤瀋吉先生であると分かった（駒場で選択しなかったので顔を知らなかった）。このやりとりが気に入ってくださったらしく合格し、中国側とも交渉して留学した。どう転んでも中国関係のことをしていたとは思うが、学部二、三年生のときに法学の授業が分からなかったということとこれら三冊の本と出会ったということが人生を決めたと考えると不思議である。

（二〇〇八年一月一五日号）

〈執筆者紹介〉

一九九一年法学政治学研究科博士課程満期退学。博士（法学）。立命館大学国際関係学部助教授等を経て、二〇〇三年より東洋文化研究所教授。主要著作に、『現代中国の紛争と法』（東京大学出版会、一九九八年）、『現代中国法入門［第六版］』（共著、有斐閣、二〇一二年）、『中国にとって法とは何か――統治の道具から市民の権利へ』（岩波書店、二〇一〇年）など。

7

内省呼び覚ました批評眼

『考えるヒント』

小林秀雄

（文藝春秋新社、一九六四年）

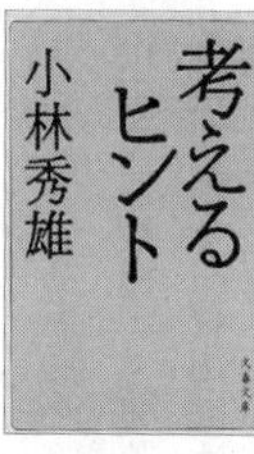

山形 俊男（理学系研究科教授）

本コラムに寄稿を依頼され、「青春」とは何なのだろうと改めて考えてみた。手元の国語辞典によれば「夢・野心に満ち、疲れを知らぬ若い時代」とある。確かにそういう側面もある。しかし、これは外面的な定義である。一方で内面的には「未来への不安に満ち、自らが何者かを模索して、内なる疾風怒涛の中で疲れ果てている若い時代」ともいえる。私の青春時代は昭和三〇年代後半から四〇年代前半で、日本の経済規模がどんどん大きくなり、社会の変化が極めて著しい時期にあたっていた。機械論的、常識論的な文化が一世を風《ふう》靡《び》し始めていたように思う。青春の心は内なるものと外なるものの乖離を鋭敏に嗅ぎ取り、多くの同世代人が集団をなして外なるものに戦いを挑んでいった。いわゆる大学紛争の嵐が吹き荒れた時代であった。しかし、私自身はこうした激しい動きにはどうにも馴染めないものがあった。クラスごとに行われていた討論会などに出かけて、日々を送っていたように記憶している。大学が封鎖されてからは、気の合う友人と渋谷の名画座や喫茶店などで時間を過ごすことも多かった。自らの内なるものにもっと関心があったのだ。

　このような時期に出会った本のなかで、その後の考え方に深く影響しているのではないかと思うのは小林秀雄の『考えるヒント』である。ここで著者は、自ら考え、内なるものを大切にする、生き生きした「変わり者」を愛し、思いあがった教養意識や客観性の名のもとに力をふるう常識の限界を指摘する。独創を言いながら、風潮の模倣ばかりをしている輩も痛烈に批判する。考える手間を省き能率的であろうとする時代の風潮に、古今東西の文献への深い洞察に基づいて警鐘をならしたエッセー集である。随所にぎくりとする表現があり、読み間違えたのではないかと思ったものだ。それゆえに記憶が鮮明なのだろう。たとえば、福沢諭吉の「私立」の意味を説いた後で、「民主主義」は「私立」の心を腐らせると断言する。明治政府が維新の気概を失って官僚化し、これを批判する自由民権運動さえも時流化してゆく中で、福沢諭吉の唱える「私立」とは、変化を体制的、表面的に受け入れる愚かさではなく、個が自ら考え、対処する強さを意味していた。強い個にとって、旧文明の経験を持って、新文明を照らす機会を持つことは、むしろ僥倖《ぎょうこう》であるとする。福

山形 俊男（やまがた としお）

沢諭吉のこうした私立主義に小林秀雄の個人主義が共鳴したようだ。充分に理解できたのかどうかはわからないが、『考えるヒント』は大学紛争時代の私にとてもしっくりきた。

　こうして刺激された内なるものへの自覚が、極めて自然な形で私を研究者の道に誘ったような気がする。幸いなことに二〇代後半に九州大学に職を得て、三〇代に米国の研究所で研究する機会を得た後、四〇代に母校の出身研究室に戻ってきた。しかし、研究者の道は決して平坦ではなかった。現象の発見やその仕組みの解明の喜びの後で、無理解による批判、それとの論争、剽窃者との闘い等を生き抜き、そして超越しなければならなかった。すべて内なるもののなせる業である。同時に強い内なるものが無ければとても生き抜いてはこられなかっただろう。しかし、還暦をとうに過ぎた今、もっとも心落ち着くのは、同じ青春時代に何もわからずに読み飛ばした『歎異抄』である。それにしても書物と時空を超えて交流できるのはなんと素晴らしいことだろう。

（二〇一〇年六月一日号）

〈執筆者紹介〉

一九七五年理学系研究科博士課程中途退学。博士（理学）。九州大学助教授等を経て、一九九四年より現職。二〇〇九年より二〇一一年まで理学系研究科長。専門は気候力学・海洋物理学。主要著作に、新装版 地球惑星科学11『気候変動論』（共著、岩波書店、二〇一一年）など。紫綬褒章受賞（二〇〇五年）。

8

列車で出会った未来の自分

『月と六ペンス』

サマセット・モーム（中野好夫訳）

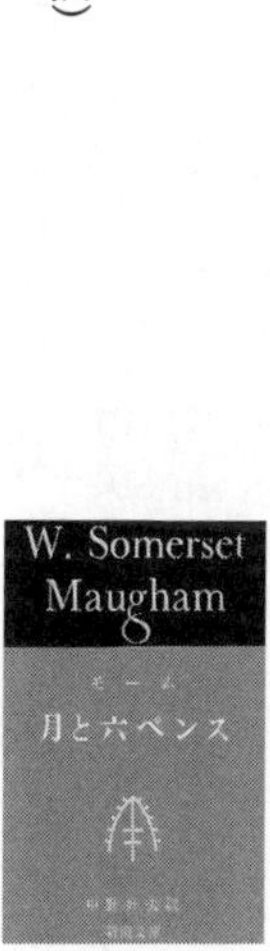

（新潮社、一九五九年）

寺田 寅彦（総合文化研究科准教授）

あの本に出会ったのは国鉄の中だった。暗い地下鉄から地上に出て乗り換えた山手線だったように思う。めずらしく誰もいない車両の、陽のあたる座席に置かれていたのである。忘れものかと思い手にとると紙が挟まっていた。「これは旅をする本です。読み終えたらまた車内に戻してください」とある。家に持って帰り、『月と六ペンス』という題にもサマセット・モームという作者名にもそれほど感興を覚えずに読み始めた。

この話はチャールズ・ストリックランドという株式仲買人の四〇男が、地位も妻も二人の子供も捨てて画家になろうと旅に出てしまうというものである。家族も顧みず芸術に生きたと言うと聞こえがいいが、捨てられた妻と子供にとってみればひどい話だ。しかも主人公の「僕」が面くらってしまうほど、ストリックランドの絵は稚拙なのである。これでは画家として食べていくことすらできない。当然生活は貧窮したものになる。そこで「僕」はストリックランドをイギリスに連れ戻そうとするが、彼はこういうのである。

「僕は言っているじゃないか、描かないじゃいられないんだと。自分でもどうにもならないのだ。水に落ちた人間は泳ぎが巧かろうと拙かろうと、そんなこと言っておられるか。なんとかして助からなければ、おぼれ死ぬばかりだ」

なるほどとは思ったのだが、それ以上の感慨もなく私はその本を読み終えてしまった。中年男の気持ちをまだ大学一年生の一八歳の若者に理解しろと言う方が無理なのである。しおりにあったように山手線の車内に本を戻して、私はその本のことは忘れてしまった。

私は大学を終え、銀行員になった。勤務先は本郷支店だったので東京大学に集金に回り、株を扱わないまでも円を売ったりドルを買ったりする仕事をするようになった。

ところがどういうわけか、銀行での仕事をすればするほど文学や芸術を勉強したいという気持ちを抑えられなくなった。知識も才能もないし、学生に逆戻りでは収入もないと分かっていてもどうしようもなかった。『月と六ペンス』のことを思い出し、水に落ちたと思った。もがかなければおぼれ死ぬという言葉が頭をよぎった。

辞表を提出した後の受験の時期は悲惨だった。失業手当もすぐには出ず、家賃の支払いにも困る境遇になった。勉強はまったく孤独で知り合いもなく、そのうえ試験に落ちたらどうなるのかまるで見通しがなかった。どういうわけか京都大学が拾ってくれたからよかったようなものの、そうでなかったら一体どうなっていたのか自分でも想像がつかない。だが、その分、学問の道に進んだ後の私は文字通り水を得た魚だった。存分に泳ぎ回った。
　ストリックランドも顔負けの中年男となった今、私はかつての集金先から俸給を頂戴することになり、文学や芸術についての知見を専門の研究者や学生諸君と分かち合えるようになった。これもあの『月と六ペンス』のおかげだったのかもしれない。ところで今、私は時々本を電車の中に置いていくようにしている。挟むしおりにはこう書いている。「手元に残る本などに何の価値があるだろう」。本だけではない。人生の経験も学問上の知見も、遠く旅をして多くの人の手に渡れば本望なのである。

（二〇一〇年三月三日号）

〈執筆者紹介〉

一九九九年京都大学大学院文学研究科博士後期課程満期退学。二〇〇一年パリ第七大学第三期課程修了。博士（文学）。トゥルーズ・ル・ミライユ大学外人教員等を経て、二〇〇九年より現職。専門は比較文学・比較文化・フランス自然主義運動。主要著作に、エミール・ゾラ『書簡集』（共訳、藤原書店、二〇一二年）など。

第二章　研究分野を決めた

9 文学から情報系への「回り道」を後押し

『チャランポランのすすめ』 森 毅

（筑摩書房、一九九三年）

影浦 峡（教育学研究科教授）

二〇年前は、いわゆる文科系的「教養」の基盤が崩れ去っていった時である。と同時に、本は消費物へと変貌を遂げていて、友人たちはいずれにせよ授業には出ないのだけど、本など読まずに過ごすか、手当たり次第に本を読みふけり読み捨てるかに二分されていた。

私はペパーズという今は潰れてしまった競技スキーのサークルに入っていて、冬と春と合計で二カ月分くらいのスキー費用を宿泊費も含めて捻出しなくてはならなかった。そのため、普段は家庭教師などのバイトをそこそこしていたし、一応競技スキーということで夏はトレーニングをしてそれからお酒を飲みに行っていたし、またインゲマル・ステンマルクという著名なアルペン・スキー選手が夏にボードセーリングをしていると聞いて湘南に出かけたりしていたから、それだけで結構時間はとられていたと思うのだけれど、いずれも片手間だったのか本を読む時間だけはたっぷりあった。

枠がなければ権威と流行に流されるのは当然で、当時出ていた岩波文庫の赤青緑はすべて読み（ヒルティの『眠られぬ夜のために』はいつも最初の数ページで寝てしまったので結局読んでいない）、フーコーに魅せられた気になり、みすず書房の何となくカッコイイ現代思想系や科学系の本にもそこそこ目を通していたのだが、ほとんどは読んだ端から忘れていったので今は覚えていない。

ほぼ忘れているのだから「青春の一冊」と言われたときには、今でも強く覚えている『知の考古学』とか『ブヴァールとペキュシェ』（修士のときに復刊された）とか『トリストラム・シャンディー』（最近復刊された）とか金井美恵子をあげるべきなのかもしれない。だが、考えてみてもそれで人生が大きく変わったわけでもないし、そもそもとからこだわりがあったからこそ当時気になり今でも覚えているのだろうから、論理的に言って人生がそれで変わるわけもないから「青春の一冊」にあげるのも変な気がする。

そんな中、当時の読書ノートを見ていて思い出したのが、森先生の『チャランポラン数学のすすめ』（『チャランポランのすすめ』としてちくま文庫より一九九三年に復刊されている）。お世話になっていた研究室の助手の先生に、ある時唐突に「文学はそろそろ終わるのでは

影浦 峡（かげうら きょう）

ないか」と言った程度には、いわゆる文科系的言説スタイルの崩壊を肌で感じていた。少し理系的な回り道をしようかとも考えていたときにこの本を読んで、論理的因果関係はないが何となくその気になったことだけは覚えている。

二〇年後の今、情報系の研究所から文科系の古巣に戻り、研究テーマもあからさまに文系に転じたものの、形式化を通過することにはこだわっていて、そのための言葉を手にすることができたのもそれなりに回り道のおかげだ。もう一度選べと言われても同じような選択をするだろうという程度には、自分がたどってきた経路を後悔していないという意味で、なんとなく当時の決断点周辺にあった本なので本書をあげる。なかなか面白いです。

（二〇〇六年一〇月三一日号）

〈執筆者紹介〉

一九八八年教育学研究科博士課程退学。国立情報学研究所助教授等を経て、二〇〇九年より現職。専門は情報媒体構造論・専門語彙論。主要著作に、『3.11後の放射能「安全」報道を読み解く』（現代企画室、二〇一一年）、*The Quantitative Analysis of the Dynamics and Structure of Terminologies*, John Benjamins, 2012 など。

10

一つの判例と一人の教師
「バタフィールド対フォレスター事件」

（『英米判例百選〔第3版〕』所収、有斐閣、一九九六年）

中村 民雄（早稲田大学教授）

私の青春時代を、いやその後の人生を決定的に変えたものは、一つの判例と一人の教師（恩師）だった。判例は法学部三年生のとき、初めて入った英米法のゼミの初回に配布された教材、バタフィールド対フォレスター事件（Butterfield v. Forrester 11 East 59, 103 Eng. Rep. 926（1809））、教師は藤倉皓一郎先生である。

当時の私は、法律が肌に合わないと感じていた。二年生の頃から、憲法や民法や刑法など、専門科目がぽつぽつ始まっていたが、どれ一つとして好きになれなかった。刑法総論は観念哲学だった。憲法は話が大きすぎた。民法は、代理、無権代理、表見代理と似て非なる専門用語が続出し、頭が混乱した。いずれにせよ「六法」なるルール・ブックが前提で、講義はどれも条文をどう解釈し適用するかの説明に終始していた。なぜそんなルールがあるのか。本当にそのルールでなければならないのか。私には根本的な疑問が充満していた。当時の教科書にはルールの存在理由などほとんど書かれていなかった。加えて『判例百選』なる教材も迷惑だった。どの事件を読んでも、事実は圧縮され、判決も要約され、生々しい争いごとがすべて干ぼしに見えた。事件の「解説」は学説の対比や批判に充てられ、正解が見えず、いまいましかった。法律の勉強というのは、日常を干物にし、観念論を延々と展開することなのか。私は法学部に進学したことを悔い始めていた。別の活路が欲しかった。三年生になって英米法という言葉を聞いたとき、とにかく飛びついた。

ゼミの初回、忽然《こつぜん》と現われたのが、判例法の世界だった。一八〇九年のこの事案はこうだった。イギリスの夏の夕暮れ、辺りにろうそくがともり始める八時ごろ、原告はパブを出て馬をはせて家路を急いでいた。ところが被告が公道を横切るように丸太を放置していた。馬が丸太につまずき原告は落馬して重傷を負った。そこで被告に損害賠償を請求した。裁判所いわく、請求棄却。まだ明かりが残るころで、一〇〇ヤード先は見えた。原告がちゃんと見ていれば丸太は見えた。丸太を横切るように放置した被告よりも、原告の前方不注意こそ事故の主原因である。通常の注意を払わない自分の落ち度から生じた結果について他人に責任を負わせることは許されない、と。

おそらくほろ酔い気分だった原告が夕暮れを疾走している。ひづめの音まで聞こえてきそうな判決文。だが、自分の不注意を棚に上げるなとでも言いたげな裁判官の口ぶり。これは小説ではないか。生々しい人間像が行間からにじみ出てくる。その時、私の陶酔を破るかのように、教師が問うた。自分に落ち度があると事故の責任を全部自分で負うことになるがそれでいいのか、と。私の中の疑問爆弾がその時、炸裂《さくれつ》した。そうだ！　このルール（「寄与過失の法理」）で本当にいいのか、私は具体的な出来事の中で一般ルールを探し求める英米の判例法のとりこになった。こうして今日に至るのである。

（二〇〇八年五月二七日号）

〈執筆者紹介〉

一九九一年法学政治学研究科博士課程修了。法学博士。社会科学研究所助教授等を経て、二〇〇六年より社会科学研究所教授。二〇一〇年より現職。専門はイギリス法・EU法。主要著作に、『イギリス憲法とEC法』（東京大学出版会、一九九三年）、『ヨーロッパ「憲法」の形成と各国憲法の変化』（共編、信山社、二〇一二年）など。

11

随筆から学んだ経済学の面白さ

『山麓集』
大内会 編
（一九六五年、信山社、非売品）

伊藤 正直（経済学研究科教授）

後から理屈をつければなんとでも言えるが、なぜ自分が「学者商売」、それも経済学をなりわいとするようになったか、そのきっかけは何だったかを、振り返って考えてみると、どうもはっきりしない。

子役として、草創期のTV局の周りをうろうろしていたこともあって、芝居や映画に興味を持つようになり、高校生の頃には、いっぱしの演劇少年だった。福田善之、矢代静一、宮本研などを観、ブレヒト、ベケット、イオネスコなどの脚本を読みあさる中で、自分でも戯曲を書きたいと思っていた。大学は、文学部にでも行って、美学か芸術学でもやろうと考えていた。

それが、経済学の方が面白そうだ、といつの間にか変わったのである。しかし、この転換をもたらしたであろう書物、自分の人生観・世界観に一撃を与えた書物が何だったかというと、残念ながら鮮明な記憶は残っていない。当時、すでに微温的・観念的左翼少年であったから、ゆるやかに社会科学への旋回が起こったのだろうとしか言いようがない。

東大新聞から依頼を受けたので、ずっと見ていなかった高校時代の本を入れた段ボール箱をひっくり返したら、雑誌の『テアトロ』や『新劇』と並んで、大内会編『山麓集』や大内兵衛『高い山　人物アルバム』が出てきた。新書版の『河上肇　自叙伝』もあった。ボロボロの林達夫『歴史の暮方』も突っ込んであった。

大体、古本で買ったものだったが、大内会編『山麓集』だけは、確か、岩波の宣伝誌『図書』に、「門下生が大内先生の喜寿を祝って作る。希望者は有料で頒布するから申し込まれたい」というような告知があって、それを読んで申し込んだ記憶がある。嫌みな高校生で、書くのが恥ずかしい。奥付に昭和四〇年一〇月二九日とあり、頒価七〇〇円とゴム印が押してあるから、高校二年生の時の事だ。

『山麓集』では、門下生七五名が、それぞれ大内兵衛との思い出を語っている。財界人や政治家もいるが、その多くは経済学者で、今考えると、この人たちの随筆を読んで、経済学という学問も面白そうだ、と思ったようである。『高い山』も人物伝であるし、河上の本も『自叙伝』である。経済学そのものというより、その周辺から経済学に興味を持つようになったのだろう。その後、高校三年生になって、『資本論』（長谷部文雄訳）を買って読み始めたが、まったく歯が立たなかった。

二〇〇七年に入って、ローラ・ハイン『理性ある人びと　力ある言葉　―大内兵衛グループの思想と行動』（岩波書店）、アンドリュー・バーシェイ『近代日本の社会科学―丸山眞男と宇野弘蔵の射程』（NTT出版）が相次いで、翻訳・出版され、四〇年以上前との符合に、少し驚いているところである。

（二〇〇七年一一月二〇日号）

伊藤 正直（いとう まさなお）

〈執筆者紹介〉

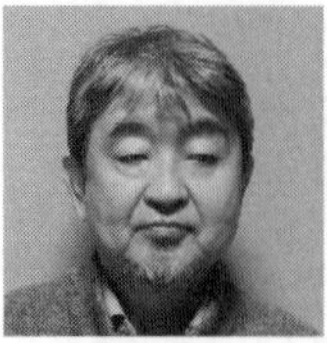

一九七六年経済学研究科博士課程単位取得退学。経済学博士。名古屋大学助教授等を経て、一九九四年より経済学部教授（一九九六年より経済学研究科教授）。専門は日本経済・金融史。主要著作に、『日本の対外金融と金融政策』（名古屋大学出版会、一九八九年）、『戦後日本の対外金融』（名古屋大学出版会、二〇〇九年）、『金融危機は再びやってくる』（岩波書店、二〇一二年）など。

12

数量的分析の力にひかれる
『戦前期日本経済成長の分析』

中村隆英

（岩波書店、一九七一年）

岡崎 哲二（経済学研究科教授）

私は一九七七年に東京大学教養学部文科Ⅱ類に入学しました。入学した当初から歴史を分析的に理解することに関心を持っており、もともと文科Ⅱ類を選択した際にも、経済学を用いて歴史を分析するという分野が漠然と頭にあったように思います。駒場時代に、その分野が「経済史」であることを知り、それに関連がありそうな本をいろいろと読んでみました。その中でまず心を惹《ひ》かれたのは大塚久雄氏の著作でした。共同体論、農村工業論、宗教社会学等に関する研究を踏まえて、ヨーロッパの近代化に関する、独自の体系的な見方を提示したものです。当時、私は、『大塚久雄著作集』をほぼ全巻読むほど傾倒しました。

しかし、大塚氏の著作は、学ぶ対象としては大変面白かったのですが、私にはそれを踏まえて自分なりに研究を先に進めることができるかどうかが分かりませんでした。そのような状態で、またいろいろな本を読んでみたのですが、その過程で手にしたのが中村隆英氏の『戦前期日本経済成長の分析』でした。この書物は、明治時代から一九三〇年代に至る、戦前期の日本経済を、さまざまな統計データを用いて分析したものです。当時、一橋大学の大川一司氏を中心とするグループによって進められていた、日本の長期経済統計の整備に関するプロジェクトの新しい成果も、同書には反映されています。

『戦前期日本経済成長の分析』から私は、次のような点で強い感銘を受けました。第一は数量的分析の力です。同書を読む前に私は、ヨーロッパ経済史だけでなく、日本経済史に関する本もかなり読んでいたのですが、同書が統計データに基づいて提示した事実や見方は、それまで私が知らなかった新鮮なものでした。そして、日本については利用可能な歴史的な数量データが豊富にあることも学びました。

第二は、関連して、歴史研究における経済学の有効性です。同書は経済学的分析を明示的に強調してはいませんが、その内容はミクロ経済学、マクロ経済学の確実な裏付けを持っています。もちろん、大塚久雄氏の経済史研究も経済学に裏付けられていますが、その場合の経済学はマルクス経済学でした。マルクス経済学は、私の理解するところでは、体系として、資本主義経済に関する独自の見方を提示していますが、現実の経済の動きの詳細を分析する道具を提供してくれません。中村氏の書物を通じて、私は、経済学を用いて分析的に歴史を研究することが可能であることを学びました。

同書から学んだことは、その後の私の進路に大きな影響を与えました。日本経済の歴史的研究に興味を持った私は、経済学部に進学した後、原朗先生の日本経済史の演習に参加しました。そして、その後、大学院に進学して、日本経済史に関する研究を仕事として続けることになりました。経済学を用いて分析的に歴史を研究すること、これは今でも私が心掛けていることです。今回、この文章を書くにあたって、『戦前期日本経済成長の分析』を開きました。学生の頃を思い出し、改めて新鮮な感銘を覚えました。

（二〇〇七年一〇月三〇日号）

〈執筆者紹介〉

一九八六年経済学研究科博士課程修了。経済学部助教授等を経て、一九九九年より現職。専門は日本経済史。主要著作に、『コア・テキスト 経済史』（新世社、二〇〇五年）、『生産組織の経済史』（編著、東京大学出版会、二〇〇五年）、“The Supplier Network and Aircraft Production in Wartime Japan” *Economic History Review*, August 2011, 64 (3) など。

13

「国文学」の神髄に触れ

『国文学五十年』
高木市之助
（岩波書店、一九六七年）

多田 一臣（人文社会系研究科教授）

多くの人にとって、青春とは多少の不安やつまずきはあっても、将来への希望にあふれた時期であるに違いない。だが、私の場合、複雑な家庭環境の中で育ったためか、あまりいい思い出は残っていない。

今から考えると不思議なことだが、もともとは理系の志望であった。中学の時には理科の先生にかわいがられ、土曜の午後、別の中学で開催されていた科学の特別な教育プログラムを受講させてもらったりした。高校では生物部に所属し、大学に入ったら生化学を専攻して遺伝子の研究をしようなどと思っていた。牧野佐二郎『人類の染色体』といった本を、結構関心をもって読んだりもした。ところが、実際に受験したのは文科Ⅲ類なのだから、どこかで心境の変化があったのだろう。

文学への関心は何がきっかけだったのか。いろいろな本を文字どおり乱読していたのだが、とりわけ宮沢賢治が好きで、高校の図書館に古い十字屋版の全集があったのを幸い、それを全て読破したりした。中でも気に入ったのは、山男の出てくる話や「狼森《おいのもり》と笊森《ざるもり》、盗森《ぬすともり》」で、これは土俗的なものへの興味がどこかにあったからだと思う。当時、東電の上野営業所の会議室で毎月行われていた宮沢賢治研究会に出入りもしていたから、その頃から文学研究への関心が芽生えていたのかもしれない。まだ本格的な宮沢賢治ブームが起こる前だから自慢していいことかもしれない。しかし、研究会の重苦しい雰囲気になじめず、五〜六回出たところでやめてしまった。小説もずいぶん読んだが、自分が書く側に回ろうとは思わなかった。これは、家庭環境の重さが邪魔をしたのだと思う。

そこで文学研究へと誘ったものが何であったのかを考えると、そしてこれこそが「青春の一冊」ということになるのだが、たぶん高木市之助『国文学五十年』ではないかと思う。岩波新書の一冊で、今では古本しか手に入らないはずである。当時名古屋大学の助手だった深萱和男氏が記録（?）した談話体の回想記で、文字通り学問としての「国文学」五十年の歴史が語られている。芳賀矢一を創始とする東京大学の「国文学」の歴史でもあり、それを一貫して支えるものがアカデミズムであったことが述べられている。このアカデミ

多田 一臣（ただ かずおみ）

ズムにころりと参らされてしまったのである。純粋な学問の世界に強く引かれたということなのだろう。今読み返すと、高木氏はアカデミズムに対する懐疑も漏らしており、びっくりもするのだが、それ以上に近年は「国文学」という学問の抱えるある種の政治性に対する批判も強められているから、この本の内容は決して手放しでは受け入れられなくなっている。だが、この本が私の進路を導いてくれたという事実は変わらないから、やはり私にとっての「青春の一冊」といってよいのではないかと思う。

（二〇一二年七月一七日号）

〈執筆者紹介〉

一九七五年人文科学研究科（当時）修士課程修了。博士（文学）。文学部助手、千葉大学助教授等を経て、一九九六年より現職。専門は日本古代文学。主要著作に、『万葉集全解（全七冊）』（筑摩書房、二〇〇九年・二〇一〇年）、『古代文学表現史論』（東京大学出版会、一九九八年）、『古代文学の世界像』（岩波書店、二〇一三年）など。

14

白酒精神に誘われ中文へ

『阿Q正伝』

魯　迅（竹内好訳）

（岩波書店、一九五五年）

藤井　省三（人文社会系研究科教授）

「青春」を中国のお酒に例えてみると、駒場の時期は白酒《パイチウ》で本郷の時期は黄酒《ホワンチウ》だろうか。「白酒」といっても日本の「しろざけ」つまりどぶろくのような醸造酒ではなく茅台酒《マオタイ》のような蒸留酒、ウイスキー並に五〇度以上ある透明な酒だ。

一九七二年四月に東大に入学した私は、サークルは中国研究会がコンパで清酒やサントリー・レッドを飲んでいるため、日本酒や洋酒を飲んで中国研究ができるのだろうか、などとまじめ半分に考えて入会せず、趣を変えて能狂言研究会に入ったところ、渋谷の場末の中国料理屋「屯《たむろ》」で多田一臣先輩に初めて白酒を飲まされたのだ。ガツンと口腔《こうこう》から鼻《び》腔《くう》に広がり、のどをも焼く感覚に、おおこれが中国か、と妙に感激したことを覚えている。

ちなみに黄酒の方は浙江省の紹興酒を代表とする醸造酒で、清酒並みの一〇度代後半、美しいこはく色にちなんで黄酒と称されるのだ。先日、国文研究室の委員会に加えていただいたところ、散会後の本郷三丁目の葡萄亭では、多田教授はワインを召し上がっていた。

私の高校二年生、高校三年生は学園紛争後の閉塞《へいそく》の時代で、学園祭も中止されていたためか、大学生活への期待が大きかったのだが……英語の授業ではカセットテープで他愛のない若夫婦の英会話を聞かねばならず、講義では江戸の戯曲の抄本写真版をテキストに鉛筆でなぞる仮名習字、これが教養か、駒場退屈、と称して授業はおサボり、成績はCと不合格ばかりの「可不可《カフカ》全集」だった。

とはいえ由良君美先生の英語はベートソンのダブルバインド理論をめぐるエッセーで、前期終了時に「先生のゼミに出てもいいですか」と申し出ると、「ああ、どうぞ」とのご返事。実は由良ゼミ「メルヘンの論理」には難関の入ゼミ試験があったと知ったのは、三〇余年後に文芸誌で四方田犬彦『先生とわたし』を読んだ時のこと。途中参加の私を、当初、四方田君たちが不思議そうに見ていたのもそのせいだったのだろう。

他にも比較文学の亀井俊介先生「ナショナリズムの論理」など全学ゼミは楽しく、それならばと学生による学外講師申請制度を利用して、伝統芸術批評家で歌舞伎演出家の武智鉄二先生を一学期間お招きすることになった。武智先生は続けて一高同窓会館（現・ファ

藤井 省三（ふじい しょうぞう）

カルティハウス）二階畳の大広間で歌舞伎塾を主催なさり、理科Ⅲ類の出雲正剛君も参加して、彼は医学部進学後に鉄門劇団を組織することになる。

私も演劇界への夢を抱き、歌舞伎塾の塾生だったプロデューサーの宇田川東樹氏に相談したところ、「今の日本に中国語のできる演出家はいない。藤井君はまず中文科に進学してはいかが」とのアドバイスだった。それまで白酒スピリットに浮かれて駒場をさまよっていた私は、久しぶりに魯迅の短編集を取り出して、「阿Q正伝」を読んだ。ああ、阿Qは僕なんだ、としんみり思ったとき、文学部への進学を決めていたように思うのだ。紙幅が尽きたので黄酒時代の思い出はまた別の機会に。再見！

（二〇〇九年一二月八日号）

〈執筆者紹介〉

一九八二年人文科学研究科博士課程修了。博士（文学）。桜美林大学助教授等を経て、一九九五年より現職。専門は現代中国文学。主要著作に、『魯迅』（岩波書店、二〇一一年）、『中国語文学史』（東京大学出版会、二〇一一年）、『村上春樹のなかの中国』（朝日新聞社、二〇〇七年）など。

15

「存在」の恐怖に挑む
『ソラリスの陽のもとに』

スタニスワフ・レム（飯田規和訳）

（早川書房、一九六五年）

沼野 充義（人文社会系研究科教授）

ポーランドのSF作家スタニスワフ・レムの『ソラリスの陽のもとに』を初めて読んだのは、まだ一五歳くらいのころだから、青春というにはまだ早すぎた。しかも手に取ったのも偶然で、そもそもその頃の私がポーランドがどこにある国か、はっきり知っていたかどうかも、怪しいくらいである。しかし、この出会いがある意味ではその後の私の人生を大きく決めることになった。

この小説を読み始めて、私はすぐに理解した。自分がいま手にしているものは、これまで読んできた小説のどれとも似ていない、何か根本的に違うものだということを。これは特別に強い力をもって私を作品世界の中に引き込み、私は単に面白いというよりは、むしろ、恐怖のような感覚を覚えた。まだ一〇代半ばの少年であった当時の私には、それを何と呼ぶべきかまだわからなかったが、いまならば、「形而上的恐怖」とでも呼んでみたい（ヴィトキェヴィチだったら「存在の奇妙さの形而上的感覚」、埴谷雄高だったら「自同律の不快」とでも言ったところだろうが、もちろん、一五歳の少年がヴィトキェヴィチや埴谷などを知っているはずもなかった）。

それは人間の認識能力の限界を試し、それを越えようとする状況から生ずる感覚である。『ソラリス』の登場人物たちは、読者とともに、「未知の他者」と向き合い、その前で自分の認識能力の限界を悟るとともに、他者に向って自らを開いていき、違和感そのものに身をひたすのだから。

その読書体験は「存在論的」「認識論的」なものだったと言ってもいい。私たちはこの世界に惰性的に生きていて、この世界がどんな仕組みになっているのか、そこを支配する普遍的な原理は何なのか、そしてこの世界とはいったい何なのか、どうして生まれたのか、といったことを正面から考えようとはあまりしない。しかし、人間にとっての究極の問いは、われわれは（そしてこの世界は）何者なのか、どこからやってきて、どこへ行くのか、ということだろう。それを問うためには、現在の存在だけでなく、われわれが自分の目で見ることは許されない起源（どこから？）と、終末（どこへ？）も視野に入れた壮大なヴィジョンが必要になるのだが、レムという作家はまさにそういうヴィジョンを持った稀有の作家である。レムを読んだ後では、世界は決して読む以前と同じようには見えないだろう。『ソラリス』を読んだ読者は、世界についての「認識論的転換」を迫られるからである。
結局、レムを翻訳で読んだことがきっかけとなり、私は後にポーランド語を初めとするスラヴ語をいくつか勉強し、ポーランド文学の研究にも携わることになった（本職はロシア文学だが）。そしてついに、『ソラリス』のポーランド語原典からの初めての訳を自分で手がけることにもなった（国書刊行会から二〇〇四年に刊行）。クラクフで亡くなる直前のレム本人にそのことを直接報告できたのは、わが生涯最大のイベントの一つとなった。

沼野 充義（ぬまの みつよし）

〈執筆者紹介〉

一九八五年人文科学研究科博士課程単位取得満期退学、同年ハーバード大学大学院博士課程単位取得・博士論文提出資格取得。教養学部助教授等を経て、二〇〇四年より現職。専門は現代文芸論、ロシア文学・ポーランド文学。主要著作に、『世界は文学でできている』（編、光文社、二〇一二年）、『ユーラシア世界（全五巻）』（共編、東京大学出版会、二〇一二年）など。

16 「コンテンツ」への展望、「過去」にルーツ

『歴史を学ぶ心』

太田秀通

（大月書店、二〇〇〇年）

馬場　章（情報学環・学際情報学府教授）

僕は、現在でこそ自分の専攻に、テレビゲームやアニメーションの創作原理と応用技術を研究する「コンテンツ創造科学」と書いている。しかし、僕のディシプリンを問われれば「歴史学」と答える。だからいつも「コンテンツ創造科学」に加えて「日本近世経済史」と最後に書き添えることにしている。このことからも分かるとおり、僕はかなり弱気な歴史研究者なのだ。ここに掲出した本は、弱気な僕が四半世紀前の大学二年生のときに出会い、歴史学の研究を決心させてくれた本である。

この本の著者である太田秀通さんは、東京大学文学部西洋史学科を卒業し、当時は東京都立大学（現在の首都大学東京）の教授をされていた。ご専門は古代ギリシャ史である。

馬場 章（ばば あきら）

専門分野を越えて歴史学を志す若者に広く読まれた『史学概論　人間の科学としての歴史学』（学生社）は有名だ。

本書は入門書である。しかし、『史学概論』が学問としての歴史学への科学的な導きの書であるのに対し、本書は、若者が広く歴史というものに対してもっと関心を持つようにという目的で書かれたエッセイ集でもある。本書の構成は「I　歴史と人間へのとびら」「II　歴史を学ぶ心のいとなみ」「III　歴史をとらえる心と理論」「IV　旅と学問」の四部からなる。

本書の核心は「人間はなぜ歴史を（あるいは歴史から）学ぶのか」という問いに対する太田さんからの解答だ。その手がかりとして、太田さんは「あなたはどこから来てどこへ行くのか」という西洋の旅人に対するねぎらいの言葉を引かれる。この言葉を空間軸から時間軸に置きなおすと、前半は過去への問いかけ、後半は未来への問いかけとなる。現在の出会いを起点として、過去そして未来の探索と向かう心の動き、それが歴史学にほかならない、と太田さんは説かれる。別な言い方をすれば、将来に対する不安を解き未来を確固たるものとするために、現在僕たちが置かれている現実から出発して、そこにいたった過去を分析する、それが歴史学だということができるだろう。歴史学初心者の僕にとってすごく分かりやすい説明だった。

ところで、僕は幸運なことに、著者の太田さんに一度だけお目にかかったことがある。

『歴史を学ぶ心』

本書の出版を記念して歴史科学協議会が企画した座談会に僕も出席することになったのだ（歴史評論三六一号）。僕は眼光鋭い痩せ型の研究者をイメージしていたのだけれど、座談会でお会いした太田さんは丸顔で温厚な方だった（実は本書のカバーの見返しに太田さんの写真が掲載されているのだが、緊張の頂点にあった僕はそれを忘れていた）。座談会では僕たち学生の質問に丁寧に答えてくださり、僕には学問に取り組む勇気を与えてくださった。この小文で太田さんを「先生」と呼ばず「さん」付けでお呼びするのは、そのときの親しみやすさがさせている。正直なところ、本の内容よりも実物の太田さんと話した中身の方をよく覚えているくらいだ。

僕が本書と出会って四半世紀。この本には史的唯物論とかイデオロギーとか、現在では懐かしい響きを持つ語もふんだんに登場する。でも、まだ歴史学を生涯の学問とする自信のなかった僕にとって人生の進路を決意させたこの本は、僕にとってたんなる懐古ではなく出発点としての意味を持つ。僕の相変わらない自信の無さは、今でも学問に対する自問自答となって現われるが、太田さんから与えられた学問に対する勇気は、現在の社会状況を見据えながら過去に題材をとり未来を展望する僕の「コンテンツ創造科学」にも間違いなく生きている。

コンテンツ創造科学というのは、映画・アニメ・ゲームなどを対象に制作とビジネスを解明する研究だ。長い歴史を持つ歴史学に対して、コンテンツ創造科学はまだ学問としての基礎さえも確立しているとは言えない。しかし、エンターテインメントには古い歴史がある。僕はコンテンツ創造科学においても、結局太田さんの言葉通り、エンターテインメントに対する思考のベクトルを、現在から過去、過去から未来へと巡らせている。

（二〇〇五年七月一二日号）

馬場 章（ばば あきら）

〈執筆者紹介〉

一九八九年早稲田大学文学研究科博士課程満期退学。二〇〇五年より現職。専門はコンテンツ創造科学。主要著作に『上野彦馬歴史写真集成』（監修、渡辺出版、二〇〇六年）。など。映画『ブルー・シンフォニー』（製作総指揮、二〇〇八年）を第二一回東京国際映画祭に出品。第一回ゲーム学会ゲームコンペアカデミック部門最優秀賞受賞（二〇〇三年）。

17

池袋で出会ったシチリア島

『東洋史と西洋史とのあいだ』

飯塚浩二

（岩波書店、一九六三年）

高山 博（人文社会系研究科教授）

自分の進む道を見出せず、将来に対する不安のなかで大学生活を送っていた私に、一生の研究テーマとなる中世シチリア島の面白さ、不思議さを教えてくれたのは、『東洋史と西洋史とのあいだ』だった。

この本と出会ったのは、本郷キャンパスの西洋史学科に進学して間もなくの頃、大学三年生の時である。その頃、私は、大学での授業が終わった後、大きな本屋や古書店、洋書店を巡るのを日課としていた。その日、池袋の大きな本屋で歴史関連書籍の本棚を眺めていると、『東洋史と西洋史とのあいだ』というタイトルが目に飛び込んできた。中世ヨーロッパとイスラム世界の両方に関心のあった私にとって、そのタイトルは特別の響きを持って

高山 博（たかやま ひろし）

いた。本を取り出してぱらぱらとページをめくると、すぐにその世界に引き込まれていった。

古代ローマ文明の中心に位置するイタリア南端の島シチリアでは、九〜一一世紀のイスラム教徒支配の時代、彼らがもたらした農業技術・灌漑技術のおかげで、米や綿、桑、さとうきび、椰子《やし》、オレンジの栽培が行われ、絹織物工場まであった。素晴らしい宮殿やモスクの数々を擁し、繁栄を謳歌していたという。八世紀後半にムスリム旅行者イブン・ハウカルが訪れたとき、この島の中心都市パレルモは、三〇〇のモスクと三五万人に近い人口をもつ大都市となっており、イスラム世界の中で、カイロ、コルドバと並び称されていたという。一一世紀に入ると、この豊かなイスラム教徒の島は北フランスから来たノルマン人たちによって征服され、一二世紀にはノルマン・シチリア王国が建てられることになる。しかし、イスラム教徒が迫害されることはなかった。ノルマン君主の支配下にあったが、寛容な宗教政策が行われ、イスラム教徒やユダヤ人、ギリシア人が共存する豊かで華やかな文化が花開いた。

この不思議な王国に魅了された私は、その後、図書館や洋書店を回って、この国に関する文献を探し回った。日本でほとんど手に入らないことが分かると、海外の図書館からマイクロフィルムやコピーを取り寄せ、海外の本屋に書籍を注文した。そのようにして、この王国の研究を始めてから三〇年あまりの年月が過ぎた。私は、その王国に導かれるように研究者への道を選択し、東京大学大学院とエール大学大学院で学んだ後、一橋大学、次いで、東京大学で西洋中世史を教えるようになった。その間、イギリス、フランス、イタリアに滞在して研究する機会を得、私の研究テーマは中世地中海の異文化接触や中世ヨーロッパの君主国の比較へと広がっていった。

しかし、今に至るまで、私の研究の中心には、常に中世シチリア島があった。この王国が持つ数多くの謎が私をとらえて離さなかったのである。その謎解きの楽しさ、わくわくする気持ちは今も感じることができる。大学三年生の時この書物に出会わなかったら、私はおそらくまったく違った人生を歩んでいたことだろう。

（二〇〇九年一一月一七日号）

〈執筆者紹介〉

一九八八年人文科学研究科（当時）博士課程単位取得退学。一九九〇年エール大学大学院博士課程修了、Ph. D取得。一橋大学助教授等を経て、二〇〇四年より現職。専門は西洋中世史。主要著作に、『中世地中海世界とシチリア王国』（東京大学出版会、一九九三年）、*The Administration of the Norman Kingdom of Sicily* (E. J. Brill) など。

18

傍線からよみがえる思い出

『キリスト教の修練』

キルケゴール（杉山好訳）

（白水社、一九六三年）

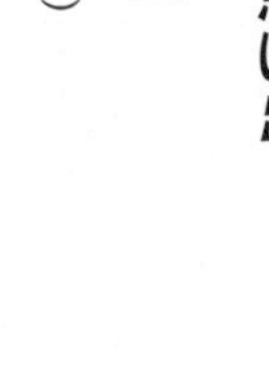

市川 裕（人文社会系研究科教授）

私が文科Ⅰ類に入学したのは、一九七二年の四月で、まだ東大紛争の余燼《じん》が残り、構内には立て看板が並んでいたが、私の中ではすでに紛争の熱気は去っていた。高校在学時から「しらける」という言葉がはやった世代で、何のために学ぶのか、という問い、否それ以上に、何のために生きるのか、に直面していたように思う。そのせいか、私は宗教、特にキリスト教思想に関心がわいていた。といっても、元来キリスト教とは無縁で、聖書も読んだことがなく、聖書という本を書店で買うことさえ引け目を感ずるほどに、信仰からは遠い存在であった。

どちらかといえば、クラシック音楽を通して西欧キリスト教文化に対しての憧憬が強かった。モーツァルトのレクイエムを歌うという合唱団に入団したのもそのせいである。一年生のとき、これぞと選んだゼミナールのなかに、「バッハのヨハネ受難曲を聴く」という科目があった。レクラム文庫版でテキストを読み、かつ音楽鑑賞をするという、きわめて駒場らしいゼミである。内容はおおかた忘れた。残っているのは、ぼろぼろのテキストと、それが縁で、担当の杉山好先生が訳されたキルケゴール『キリスト教の修練』を買って読んだことである。これも内容は忘れてしまった。きわめてまじめな本であり、厳しい生き方が説かれていたことは強く印象に残ったようである。というのは、続いて『愛のわざ（上・下）』も読んだからである。詩人の愛と隣人愛が絶対他の関係にあるということは、今でも時々、講義で話題にするほど、心に刻印された。けれど、自分にとって一冊を挙げるとすれば、どうも『愛のわざ』ではないように思えてならない。

そこで、実に久しぶりに、学生時代の本が並ぶ書棚から『修練』を取り出して開いてみた。「矛盾はその人を選択の前に立たせる。そしてその人がいかに、またなにを選ぶかによって、その人の実体が顕わされるのである」という箇所に、たった一カ所傍線が引いてあった。杉山先生の解説を見た。「自分自身の生の現実のなかから、いわば汗と涙とそしてまた血を流しつつつくみとってきた実存的弁証法をもって、キルケゴールはいまや本書において、聖書に伝えられたイエス・キリストその人の姿を凝視するのである」と。そうだったのか。私がおぼろげながらも、この本にある種の強い愛着を持ち続けていた理由がわかったような気もする。

私は法学部を卒業してから、聖書研究に転じ、今はユダヤ教を専門にする研究者となった。はたして、この本は自分のそれ以後の生き方にどれほどの影響を及ぼしているのだろうか。こじつける必要はないが、この本は、自分がこれまで考えてきた以上に、深いところで人生への取り組みを方向づけたのかもしれない。こんなことを書くと、私をよく知る昔の仲間たちは、あっけにとられるにちがいない。人は見かけによらないものなのであるから。

（二〇〇九年一〇月六日号）

市川 裕（いちかわ ひろし）

〈執筆者紹介〉

一九八六年人文科学研究科（当時）博士課程単位取得退学。筑波大学講師等を経て、二〇〇四年より現職。専攻は宗教史学・ユダヤ教。主要著作に、『ユダヤ教の歴史』（山川出版社、二〇〇九年）、『ユダヤ教の精神構造』（東京大学出版会、二〇〇四年）、『バビロニア・タルムード第四巻第五篇（ネズィキーンの巻マッコート篇）』（翻訳監修、三貴、一九九六年）など。

19

韻文詩から浮かぶラテン語の輝き

『牧歌・農耕詩』

ウェルギリウス（河津千代訳）

（未来社、一九八一年）

日向 太郎（総合文化研究科准教授）

入学当初は、ベルクソンの『創造的進化』に憧れて、哲学科進学を志していた。間もなくしてプラトンの『パルメニデス』やアリストテレスの『形而上学』の難解さに魅せられる。ならば、古典語の勉強をしなければならない。そう思って始めたギリシア語とラテン語。これが実に面白い。そこで、哲学は哲学科に在籍しないでもきっと学べるであろう（とは多分大いなる誤解）と自らに言い聞かせる。だが、古典語を本格的に学ぼうとするならば、西洋古典学科に進学するしかない。そもそもヨーロッパ文化に関することならば、何を専門とするにせよ古典語の知識が必要である。そのように考えて、私の選択は定まった。

西洋古典学科に進学してから、三カ月経った夏休み前の頃、中山恒夫先生の集中講義が

日向 太郎（ひゅうが たろう）

あり、ウェルギリウスの『農耕詩』を講読することになった。そのときまでウェルギリウスといえば、私はもっぱらローマ建国叙事詩『アエネイス』の作者として認識するのみで、そんな作品が存在するとは知らなかった。一日三コマで五時間近く、ひたすらラテン語の詩を読む授業だった。二〇〇行以上進むこともあった。暑い日中に冷房もない部屋で窓を開けっ放しにして、汗ばむ脚を蚊に食われながら、朗読し日本語に訳す。授業が終われば、帰宅早々夜遅くまで翌日分の予習に追われる。文字通りラテン語漬けの一週間ではあったが、『農耕詩』には不思議な魅力を感じた。この作品は農耕にかかわる者にその技術や工夫、心得を教えるという体裁をとっており、一貫して問題となっているのは人間と自然（そして神々）との関係である。農耕の教えとともに、人間の労苦、収穫の喜び、生命の躍動、すべての労苦を無に帰してしまう自然の脅威、災に直面した人間の無力感などが克明に浮かび上がって来る感があった。『農耕詩』の各行の輝きは、ラテン語の読解がおぼつかない私にすら訴えかけるものがある。オルペウスの歌が、樹木や岩を動かすようなものである。ウェルギリウスの言葉の持つ豊かさに触れて、そのときはじめて詩は美しいものだと思った。このようにして私の研究テーマもラテン語の韻文に決まってゆく。

『農耕詩』は全四巻から成り、第一巻は穀物、第二巻は樹木、第三巻は牧畜、第四巻は養蜂が主題となっている。最終の第四巻の後半部分は、失った蜜蜂の群れを再生する技術

（ブゴニア）の縁起譚である。「アリスタエウス物語」と称されるこの部分は、本来同時代の詩人ガッルスを讃える一節であり、ガッルスがアウグストゥスの不興を買ったことから、現存する形に差し替えられたとする説もある。この説の真偽については大いに議論がたたかわされているが、今のところ決定打はない。「アリスタエウス物語」には、オルペウスが亡き妻エウリュディケを冥界から連れ帰る途中、振り返って彼女を再び失うという有名な逸話が含まれている。確言はできないがこのような結末はウェルギリウス以前には見当たらず、詩人の創作だった可能性もある。もし差し替えがなかったならば、オルペウス神話を題材とするモンテヴェルディ、グルック、オッフェンバックの歌劇も存在しなかったかも知れない。だいぶ昔の映画であるが、ジャン・コクトーの『オルフェ』やマルセル・カミュの『黒いオルフェ』も生まれなかっただろう。『農耕詩』の影響は、意外なところにも及んでいるのである。

（二〇一〇年三月三日号）

〈執筆者紹介〉

一九九九年人文社会系研究科博士課程修了。国立音楽大学講師等を経て、二〇〇九年より現職。専門は西洋古典学。主要著作に、サルヴァトーレ・セッティス『ラオコーン――名声と様式』（共訳、三元社、二〇〇六年）、マリア・ルイーザ・カトーニ「若者がサテュロスになるとき」西洋美術研究五号など。

20

塔の向こうに見た未知の認識

『塔の思想』

マグダ・レヴェッツ・アレクサンダー（池井望訳）

（河出書房新社、一九七二年）

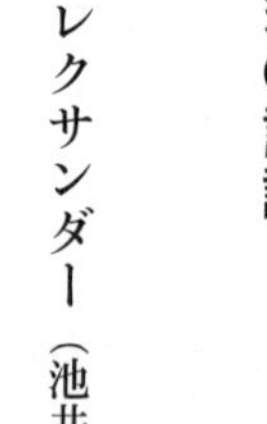

荒井 良雄（総合文化研究科教授）

一九七二年に新潟の田舎から上京、理科I類に入学した。小学生の頃からの「理科少年」。学校の勉強などそっちのけではんだごてを握り、無線機やオーディオアンプを作っていたから、将来はエンジニアになるものと思っていた。理科I類は当然の選択だった。田舎といっても、大きな工場は進出していたし、それを当て込んで工業高校もできたくらいだから、理科や技術に興味を持っても不思議はない雰囲気はあった。

ところが、いざ入学してみると、これは大変。一応、数学や物理は得意なはずだったが、まったく授業について行けない。こんなはずでは、と頭を抱えた。実際には周りの連中も似たようなものだ、と気付くまでは絶望的な思いに駆られた。

そんな悶々とした日々の中で、ふと気付いたのは、図書館に並んでいる膨大な本の山。授業にも出ず、手ごろな本を手当たり次第に拾ってきては、今は無き駒場寮の一室で読みふけっていた。

標題の本は、そんな中で見つけた一冊。ヨーロッパのあちこちにある古い塔のことを扱ったものだから、一応は、建築史ということになるのだろうが、書かれているのは、細かな建築様式や技術のことではなく、塔という建造物に込められた思考であって、一種の文化論、社会論といってよい。

「塔は時代様式によってではなく、諸国の精神の根である地方的伝統によって、根本的な差をもつ」(訳書九六頁)と著者アレクサンダーは説く。「イタリアが整然とした統一の国」(同頁)であり、塔もその統一を乱すことのない静的な形態をとるのに対し、アルプスの北では、塔は動的に「ひたすら上方を目指」(四四頁)し、周囲から「完全に自由で、いっさいから独立」(一〇三頁)した存在である。

情熱と奔放の国イタリアと理性と秩序の国ドイツ。そんなステレオタイプを素直に信じていた者にとって、こんな読み解きは衝撃だった。高校までに習ってきたことは、結局、通り一遍のものでしかなく、世の中にはまだまだ自分が知らない認識があり知恵があることを思い知った。

荒井 良雄（あらい よしお）

その後も、図書館での乱読は続き、結局、エンジニアの道は断念。工学部の中ではもっとも文系的と言われる都市工学科に進学。さらに理学系研究科の地理学専攻で都市地理学を手掛け……等々。紆余《うよ》曲折の揚げ句、気付いたら、駒場で人文地理学を講じる立場になっていた。もとより、建築家を目指す才はなく、本格的に建築史を学ぶこともなかったが、それでも、地域の形態と意識を論じる人文地理学の道に入るにあたって、なにがしかの影響をこの本から受けたようにも思える。

この稿を書くにあたって、昔読んだはずの図書館を探してみたけれども、なぜか開架本の中には見当たらなかった。今は版元切れになっているらしい。古書で入手することはできたが、多くの若い人にも読んでほしい。どこかの文庫としてでも再刊されることを願っている。

（二〇一一年一月二五日号）

〈執筆者紹介〉

一九八〇年理学系研究科博士課程中途退学。博士（工学）。信州大学助教授等を経て、一九九六年より現職。専門は人文地理学。主要著作に、『都市の空間と時間』（共編著、古今書院、二〇〇二年）、『流通空間の再構築』（共編著、古今書院、二〇〇七年）、『中国都市の生活空間』（共編著、ナカニシヤ出版、二〇〇八年）など。

21

生化学への興味と教育の重み

『生化学の夜明け』

丸山工作

（中央公論社、一九九三年）

石浦章一（総合文化研究科教授）

青春の一冊と聞いただけで青臭くて嫌だなと感じたが、若い学生さんの企画なので「青春」という言葉を聞いた時の感じ方が違うのかな、とも思い承諾した。実はこの本に出会ったのは青春を過ぎた四〇歳代の初めなのだが、大学に来て学問と教育のことを考え始めたころに本書を読んで、そういえばいろいろなことがあったな、と学生のときに生化学の道を自分の将来の仕事に決めた頃の思い出が鮮やかに浮かび上がってきたことが忘れられないので、ご紹介させていただくことにした。

この本は、生化学という学問がどのように発展してきたかということを、人物を主人公として概観したものである。私が学生のころは、まだ遺伝子という概念があまりなく、酵

石浦 章一（いしうら しょういち）

素やタンパク質というものの性質を解くのが主流であった。代謝過程の解析や酵素学の発表が学界の主流であった。最も先端的な手法が化学修飾で、酵素をまず精製し、その活性部位のアミノ酸を特異的に化学変化させて機能を明らかにするのである。タンパク質の精製や定量的な化学修飾は、今のようにキットを買えばだれでもできるというものではなく、職人芸の域に達した人が論文を出す時代だった。

私の学生時代は学園紛争が終結した頃で、一、二年生のときは、授業もちゃんと行われず、授業にもほとんど出なかった。就職するということは一切考えなかったものの、何を専門にするかは決めかねていた。そこに丸山工作先生が集中講義に来られ、筋肉タンパク質の発見の裏話、筋肉分野での日本の科学者の貢献、そしてとにかく何でも真っ先にやらないとだめだ、などの話を伺った。当時、丸山先生しか扱っていなかった巨大タンパク質コネクチンの話も興味深かった。なにしろ、ご本人しか精製できなかったのだから競争相手があるはずがなかった。このようなお話に感化を受けたことと、ものをすりつぶして化学反応を見るということが当時の花形だったので、筋肉そのものの研究でなくても何か新しいことができないかと、私は酵素生化学の分野を志望したのだが、今でもずっとその当時の興味は変わらずに続いている。現在は、機能を調べるときにまず細胞や分子を直接可視化することが大はやりだが、私の頭の中ではそのようなものは大切でなく生体反応や物質の流れを明らかにすることの方が大事、と考えている。しかし、そう考えるのはたんに新しいものに順応できないせいだという人もいる。
私の教育人生の第一歩となった本を久しぶりに本棚から取り出してもう一度読んでみた。そう言えば、本書を引用して解糖系の種々の中間体が見つかった話や、ジャコブとモノーがオペロン説、mRNA、アロステリック効果などを次々と提唱・発見したことを学生に教えていたのだが、次々と報告される新発見によってかつて学生時代の自分の研究に対するモチベーションが上がったことが授業で伝わっただろうか。はたして私の授業を聞いて研究者になろうと思った人がいただろうかと考えると、教育の持つ重みがずっしりと肩にのしかかってくる。

（二〇一一年一一月二二日号）

〈執筆者紹介〉

一九七九年理学系研究科博士課程修了。博士（理学）。分子細胞生物学研究所等を経て、一九九八年より現職。専門は分子認知科学。主要著作に、『遺伝子が明かす脳と心のからくり』（羊土社、二〇〇四年）、『脳―分子・遺伝子・生理』（共著、裳華房、二〇一一年）、『最新遺伝子でわかった病気にならない人の習慣』（青春出版社、二〇一二年）など。

第三章　研究分野への関心を高めた

22

諸学問を統合し、時代を把握する哲学

『法の哲学』

ヘーゲル（藤野渉＝赤沢正敏訳）（中央公論新社、二〇〇一年）

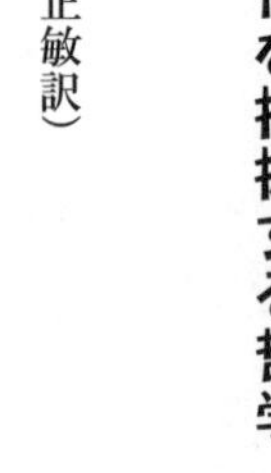

山脇 直司（総合文化研究科教授）

私に影響を与えた「青春の数冊」を挙げるのは易しいが、「青春の一冊」を挙げるのは難しい。何を基準にするかによって選ぶ一冊が違ってくるからだ。そこで今回は、現在に至るまで私の「学問観」に影響を与えたという点を基準にして、ヘーゲルの『法（権利）の哲学』を挙げたいと思う。

私がこの本に出会ったのは、国内で荒れ狂った学園紛争で「何のための学問か」という問題に行き詰まり、改めて哲学を学ぼうと決心して進学した某私立大学大学院修士一年の演習でであった。ゼミの教員は厳格で知られるチェコ人の神父であったが、彼はたんにテキストを内在的に理解するだけでなく、私が前の大学で経済学を学んだことを前提として、

もしヘーゲルが現在生きていてこの本を書くとしたら、どのような内容の本を書くだろうかを考えてほしいと私に要求した。一八二一年刊行のこの本は、フランス革命と産業革命によって大きく変貌したヨーロッパ社会のトータルな概念把握を試みた本である。「個人に関して言えば、だれでももともと時代の子であるが、哲学もまた、その時代を思想のうちにとらえたものである」（本書二七頁）と言うように、ヘーゲルにとって、自らが生きる時代を的確に捉えることを放棄した哲学に存在意義はない。しかし他方、すべての学問成果をまとめる学としての哲学がヘーゲルの死後途絶え、哲学が多くの場合、文学部の一学科まで凋落しているのが現状である。このギャップは大きいし、ヘーゲルの時代に戻ろうとするのは時代錯誤である。とはいえ、この本で論じられた根本テーマ、すなわち、憲法や市民社会（ないし産業社会）を含めた社会制度と人間の自由な意識や権利をリンクさせながら、社会のあり方を論考するという課題は、社会諸科学がタコツボ的に営まれている現在、ますます重要となっている。ではどうしたら可能であろうか。

以降の私は、このような問題意識を持ち続けながら、ミュンヘン大学で学位取得後、日本で二つの私立大学の勤務を経て、一九八八年に駒場キャンパスの社会科学科（当時）に赴任した。赴任を決意したのは、社会科学と哲学をリンクさせながら同時代を把握するというヘーゲル的な営みが駒場では可能だ、と思ったからである。赴任以来の四半世紀は、

山脇 直司（やまわき なおし）

昭和の終焉、天安門事件、ベルリン壁とソ連の崩壊、湾岸戦争、旧ユーゴの内乱、九・一一事件、イラク戦争、リーマンショック以降の世界経済の危機、そして三・一一の天災と人災というように、世界情勢は大きく揺れ動き、ますます混沌とした時代となってきた。そうした中、どのようにして、人間の自由な意識・権利を尊重しつつ、時代に合った制度を設計していくのか、これはまさにヘーゲル的な課題である。もちろん、今日において、ヘーゲルが陥った進歩史観や絶対知の考えは放棄されなければならない。しかし、彼が考えた「自由・権利と制度の統合」というテーマは、実践的な課題であり、私自身は公共哲学という観点から今後もそれを追求していきたいし、若い東大生もこのテーマにチャレンジしてほしいと願う次第である。「ミネルヴァのふくろうは、たそがれがやってくるとはじめて飛びはじめる」（三〇頁）。

（二〇一一年一二月一三日号）

〈執筆者紹介〉

一九七五年上智大学大学院哲学研究科修士課程修了。一九八二年ミュンヘン大学大学院博士課程修了。博士（哲学）。上智大学助教授等を経て、一九九三年より教養学部教授（一九九六年より現職）。専門は公共哲学・社会思想史。主要著作に、『ヨーロッパ社会思想史』（東京大学出版会、一九九二年）、『グローカル公共哲学』（東京大学出版会、二〇〇八年）など。

23

小説観変えたさわやかな衝撃

『灯台へ』

ヴァージニア・ウルフ（御輿哲也訳）（岩波書店、二〇〇四年）

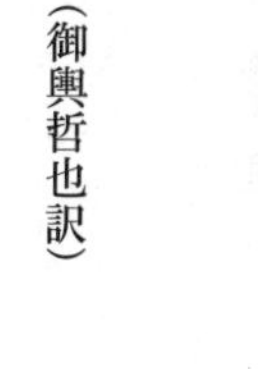

林　文代（東京大学名誉教授）

大学二年生か三年生の頃、将来大学院に進んで文学の研究をしたいと思っていたものの、「文学っていったい何？」という素朴な疑問をいつも抱いていたし、卒論に何を選ぶかも決めていなかった。そんなある日、本屋で文庫本の『灯台へ』（新潮文庫、現在は絶版）と出会った。イギリスの作家ヴァージニア・ウルフの名前は知っていたが、まだこの小説は読んでいなかったので、どんな内容なのかとパラパラとページをめくっていくうちに、「これって小説（文学）？」という嬉しい驚きを感じた。何十年も経った今でも、そのさわやかなショックは覚えている。その後神田の某有名洋書店に赴き、ホガース・プレス版の全集を買い揃えた。結局卒論には『幕間』というウルフ最後の小説を選んだが、私をウルフと出会わせてくれて、それまでの小説観を一変させてくれたのは『灯台へ』だった。

なぜ私は『灯台へ』にショックを受けたのか。それはこの小説が、私が読んだ最初のモダニズムの小説だったからだろう。二〇世紀初頭、それまで主流だったリアリズムの小説に反旗を翻し、さっそうと現れたプルースト、ジョイス、ウルフ、フォークナーなどによって書かれた小説は、それまでの文学的慣習の束縛から自由になり、新しい時間の感覚、新しい意識のあり方、新しい人と人との関係の表現などを提示した。古いものを否定し、新しいものを求めるそのような作家たちの仕事に、若い私は共感したのだった。

サークル活動もするし、コンパにも行くし、友達と旅行もする一方で、本当の親友がほしいとか、将来どうするかなど真剣に悩んだり、「そもそも自分はいったい何なの?」という疑問でがんじがらめになっていた。青春時代なんて誰にとっても不安でいっぱいの時期だろうから、それも当然のことだろう。ただ、中学、高校時代の三年間ほどアメリカで過ごしたため、アメリカでも帰国後の日本でもカルチャー・ショックやアイデンティティー・クライシスを強烈に感じ、自分とは、他者とは、人間とは、社会とは、世界とはといったことについて過剰に意識していたかもしれない。そんな時、ウルフの研ぎ澄まされた文章や、女性に大学入学を許さない当時のイギリス社会に対する鋭い批評（『自分だけの部屋』）などは、沸きあがる内面の不安・不満をなだめるだけでなく、医学者でウルフの研究者でもあった神谷美恵子の著作（神谷美恵子全集）や、アメリカのモダニズム作家ウィリアム・フォークナーの著作（フォークナー全集）へと導いてくれた。

その後、神谷先生ともフォークナーとも不思議なご縁があったが、特に大学院進学後から現在に至るまで主たる研究対象であるフォークナーの小説は、文学とは何かという学生時代からずっと抱いている問題を探究するための格好の材料となっている。時間と空間をめぐるさまざまな問題（歴史、共同体、国家、記憶、記録）や、人間について考えさせるフォークナー文学は、さらに私の関心を分野を越えた多方面（たとえば映画、サイバースペース、脳科学など）へと広げてくれる媒体でもある。

現在私の関心は、文学を拠点としながらこうした他の分野へも移動しているが、すべては本屋で出会った『灯台へ』から受けたさわやかなショックから始まったのだと思う。

（二〇〇六年六月六日号）

〈執筆者紹介〉

一九八〇年人文科学研究科（当時）博士課程満期退学。博士（英文学、インディアナ大学大学院）。早稲田大学助教授等を経て、一九九三年より二〇一二年まで総合文化研究科教授。専門は英米文学。主要著作に、『迷宮としてのテクスト――フォークナー的エクリチュールへの誘い』（東京大学出版会、二〇〇四年）など。

24

駒場キャンパスの勢いに押され

『性の歴史Ⅰ　知への意志』

ミシェル・フーコー（渡辺守章訳）

（新潮社、一九八六年）

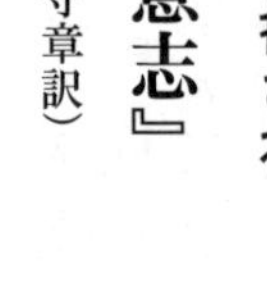

赤川 学（人文社会系研究科准教授）

一八歳の春、私は石川県の片田舎から上京してきた。能登のサンセット・ビーチを横目に青春を過ごしてきた私にとって、アスファルトと高層ビルに囲まれた東京の街並み、オサレな若者でごったがえす渋谷・新宿、いかにも頭のよさげな東大生が密集する駒場のキャンパスは、ちょっとしたカルチャー・ショックであった。

この稿のテーマである読書に関してだが、小学生の頃は図書室の本をあらかた読んでいた。中高生の頃も、多読とはいえないにしても、大岡昇平やら三島由紀夫やら小林秀雄やらを一通り読んでいた（といっても強烈に記憶に残っているのは、司馬遼太郎の『項羽と劉邦』、吉川英治の『宮本武蔵』だったりするが）。だが、駒場のキャンパスで隣り合わせた同級生の使う言葉には驚愕《きょうがく》させられた。私が入学したのは文科Ⅲ類だったこともあり、何ごとにも一家言持つ人ばかりなのである。内田百閒を愛読している人もいたし、イスラムの宗教や毛語録にやたら詳しい人もいた。こういう百花繚乱《ひゃっかりょうらん》・百鬼夜行の世界で、いかに自分の居場所を見つけることができるのか。これが大学時代の課題であった。

そんなある日、駒場の生協で『性の歴史』という本をみつけた。著者はフランスの哲学者、ミシェル・フーコー。現代思想の領域で有名な人だということは知っていたが、無論それまで、彼の本を読んだことはない。題名からして、エロに関する西洋史上のエピソードが書いてあるのだろうと思っていた。しかし読み始めた直後、買ったことを後悔した。あまりに理論的なのだ。西洋で発祥した性科学《セクソロジー》のことばかり書いてある。なぜこのような本が書かれたのかということも含めて、正直、読み終えたときにもチンプンカンプンだった。

そんな私が、『性の歴史』のすごさを理解したのは、社会学を専攻することに決め、大学院の修士課程に入学してからだ。実はそこに書かれていたのは、細々とした歴史上の事実ではなく、社会学の研究を刷新するような「方法」についてだったのだ。例えば性に関して、性行動や性に対する観念を調べるだけでは、社会のことは分からない。そうではなく、性に関する知識が社会の権力と強く結びつき、性の真理を知ることが個人のアイデンティティーに強く影響するようになったことが、近代の特徴だというのである。「人はいかにして性へと拘束されるようになったのか」。これを解明するのが私にとっての原点となった。

その後、近代日本における性に関する言説の形成と変容を調べて、『セクシュアリティの歴史社会学』（勁草書房、一九九九年）という本を書いた。社会学の世界では言説分析という新しい方法論を開拓した本と評価していただいたが、私にとっては、フーコーの遺産を受け継ぎながら、性という言説の歴史をいかに書くことができるのかという問いこそが、ライフワークとなっている。生涯をかけて悔いのない問いを授けてくれた『性の歴史』、この一冊には、いくら感謝してもしきれない。

（二〇〇八年六月一七日号）

赤川 学（あかがわ まなぶ）

〈執筆者紹介〉

一九九五年社会学研究科（当時）博士課程単位取得退学。信州大学助教授等を経て、二〇〇六年より現職。専門は社会問題の社会学・歴史社会学・社会調査方法論。主要著作に、『セクシュアリティの歴史社会学』（勁草書房、一九九九年）、『子どもが減って何が悪いか！』（筑摩書房、二〇〇四年）、『社会問題の社会学』（弘文堂、二〇一二年）など。

25

制度的な学問が掬い上げられない等身大の世界

『忘れられた日本人』

宮本常一

（岩波書店、一九八四年）

菅豊（東洋文化研究所教授）

私が『忘れられた日本人』を、初めて読んだのは一九八四年、大学三年生の夏だったと思う。この本の初版（未来社）は一九六〇年であるが、私が読んだのは再版された岩波文庫だった。民俗学を専攻していた私は、その夏、卒業論文制作のフィールド・ワークで新潟県の小村にひとり住み込んでいた。親しくなった老夫婦の家に泊めてもらっていたのだが、村里の夜は長かろうと、いくつかの文庫本を携えていった。この本は、そのなかの一冊であり、それは、木々のざわめきしか聞こえない農村の夜長を十分に慰めてくれた。

　この本は、アカデミズムでは異端の民俗学者・宮本常一が出会った人びとの生活誌である。そこには、かつて生きていた、そして、現在、なかなか見ることができない人間たち

菅 豊（すが ゆたか）

の生活が濃すぎるほどに凝縮されている。格式張った村のおもだち、粒々辛苦の村の開拓者、橋の下の「乞食《こじき》小屋」で暮らす盲目の馬喰、漂泊するハンセン病患者、若いうちに旅で経験を積んだ世間師、意外なほどに性に奔放な女たち……。かつて普通に存在していたはずのこれらの人びとは、ほとんど顧みられることはなく、日本人の記憶から忘れ去られている。しかし、そこに登場する普通の人びとは、至極ドラマティック、そして、時には「官能」的な生き方をしていたのである。本書は、彼ら彼女らの生き様を、その目線と同じ高さで描ききった佳作である。私は、普通の人びとの人生のなかに、これほど豊かな物語が織りなされていることに驚き、感動し、一方で、その物語を制度的な学問を学んできた自分がすくい上げられないことに、そこはかとなく後ろめたさを感じたことを、いまでも覚えている。

いまこの本は、宮本が人びとのありのままの生活を直截に記述したものではなく、そこに創作が多分に含まれていることが明らかになっている。それはフィクションとノンフィクションが渾然一体となった物語なのである。しかし、そうだからといって、この本の価値はいささかも損なわれることはない。まさに虚実皮膜の世界を描いたこの作品は、現実以上に現実の意味を掘り下げる文学作品として、現在において味読される価値を増しつつある。

どこの地域、国でも、ここ百年を通じてその生活を大きく変えてきた。宮本がこの本で描いた世界は、前近代から続く局面であり、現代を生きる若者にとっては、あまりにもかけ離れた世界だと受け止められるかもしれない。しかし、数十年前まで、確かにその世界は存在したし、また、その世界で黙々と生きる人びとが存在していたのである。そしていまでも、大きな社会状況のなかで取り立てて注目されず、歴史に名を残さない、凡庸な普通の人びと、すなわち「忘れられる日本人」がたくさん存在し、いまを生きていることに私たちは気がつかねばならない。

宮本常一は「旅する巨人」として日本中を歩き回り、多くの地にその足跡を留めている。いま、私は、彼が立ち寄った土地のひとつに深く根を下ろし、普通の人びと、放っておけば顧みられることなく忘れ去られる人びとの生活を掘り起こす仕事に取り組んでいる。

（二〇〇七年七月一〇日号）

〈執筆者紹介〉

一九九一年筑波大学大学院歴史・人類学研究科博士課程中途退学。北海道大学助教授等を経て、一九九七年より東洋文化研究所助教授、二〇〇七年より現職。専門は民俗学。主要著作に、『川は誰のものか ― 人と環境の民俗学』（吉川弘文館、二〇〇五年）、人と動物の日本史3『動物と現代社会』（吉川弘文館、二〇〇九年）など。

26

書かれなかった章
『ラテン・アメリカ——文化と文学』

ジーン・フランコ（吉田秀太郎訳）

（新世界社、一九七四年）

野谷 文昭（人文社会系研究科教授）

もはや襤褸《ぼろ》にしか見えない箱の残骸を文字通りまとっている。それでも中身の保存状態は必ずしも悪くない。一カ所セロテープで修繕した頁があるのは、むしろ丁寧に扱ってきた証拠だろう。多すぎてもはや意味をなさないアンダーラインや付箋は、この本を繰り返し参照してきたことを物語っている。頁の間からは古い新聞の切り抜きがいくつも現れる。原著のペリカンブックス版（一九七二年）も、メキシコの作家セルヒオ・ピトル訳のスペイン語版（一九七一年）も、その後手に入れたのだが、それでもやはりこの日本語版に愛着がある。ラテン・アメリカ文学を手掛けだして間もないころに大きな影響を受けた本だからだ。

『ラテン・アメリカ――文化と文学』

現在はコロンビア大学名誉教授のジーン・フランコによる『ラテン・アメリカ―文化と文学　苦悩する知識人』を最初に開いたとき、目の前をふさいでいた大岩が真っ二つに割れて、自分が知りたかった世界をいきなり見渡せた気がした。資料の乏しさに苦しんだ卒業論文で扱ったエクアドルの先住民擁護主義の小説も、修士論文で取り組んだチリの詩人ネルーダも、その背景となるラテン・アメリカ社会の現実の中に見事に位置づけられていたからだ。もっと早くこの本に出会っていたらとつくづく思ったものである。

パイオニアと言えば聞こえはいいが、それはモデルになる人はいないし文献はなかったということでもある。一九七一年、大学紛争直後に東京外国語大学のスペイン語科を卒業し、大学院に進学した。ロックアウトの期間が長かったこともあり、何もかもが中途半端に感じられ、スペイン語科という村のような世界が息苦しかった。だから、新しいことに挑戦したくて、スペインの古典でもロルカでもなく、未知の分野だったラテン・アメリカ文学の可能性に賭けてみたのだった。今でこそ作品の翻訳が進み、資料も入手できるようになったけれど、当時は入門書ひとつなく、文字通りの手探りを続けていた。

僕にとってこの本は、時期によって見え方が変化する。非常勤講師を務めていた大学で国際社会学研究会に入ったり、そのお陰で国際政治学会の学会誌に、ペルーの政治と文学にまたがる運動について書いた論文を載せてもらえたりしたのは、やはり本書から受けた

野谷 文昭（のや ふみあき）

霊感によるところが大きいと思う。

たとえば著者は文学史ではないと断っているが、一九世紀から時系列に沿って語られ、芸術と社会的事件との関係に考察が及んでいるところは社会学的であると同時に文学史的で、しかも『百年の孤独』を生んだ一九六〇年代のラテン・アメリカ文学の活況が、リアルタイムでかなり詳しく紹介されている。とはいえ、一九六七年刊行の原著に時代的制約があることは言うまでもない。終章で語られるキューバ文学について言えば、その後、パディーリャ事件が起き、それを言論統制と見た革命支持者が後に分裂したりもする。もちろんフランコはそこまで言い及んではいない。もしかすると僕は、この本で書かれなかった章を、自分なりに書き足そうとしてきたのかもしれない。

（二〇一〇年三月二三日号）

〈執筆者紹介〉

一九七五年東京外国語大学大学院修士課程修了。立教大学教授、早稲田大学教授等を経て、二〇〇八年より現職。専門はラテンアメリカ文学、現代文芸論。主要著作に、『越境するラテンアメリカ』（パルコ出版、一九八九年）、『ラテンにキスせよ』（自由国民社、一九九四年）、『マジカル・ラテン・ミステリー・ツアー』（五柳書院、二〇〇三年）など。

27

現在見据えた歴史研究に感服

『幕末社会論』

佐々木潤之介

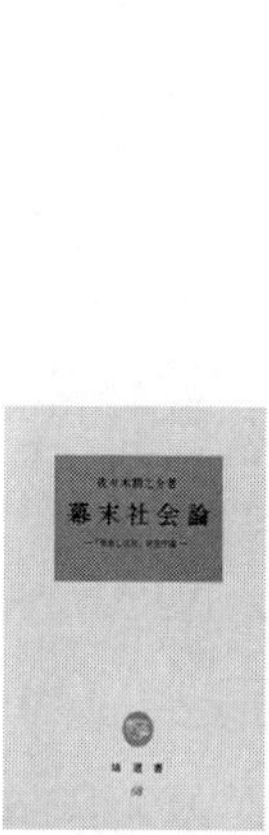

（塙書房、一九六九年）

吉田 伸之（東京大学名誉教授）

一九六九年一二月、東大闘争の余塵《よじん》くすぶる本郷（文学部国史学科）に進学した。そこでまず出会ったのは、長期に及んだ「無期限スト」収束後の授業再開をめぐる、「粉砕派」と「再開派」の対決であった。私は「再開派」にくみしたが、進学先ではその後も長くしこりが残り、ぎすぎすした雰囲気が続いた。しかし、再開された授業は新鮮だった。私を含む多くの学生が勉強に飢えており、夢中で学んだ。一九七〇年一〇月から、史料編纂所におられた山口啓二先生が、学部ゼミを臨時に担当された。山口先生との出会い、先生を介しての日本近世史研究との邂逅《かいこう》こそが、今に至る研究者としての私の人生の始まりだった。このゼミは、「幕藩制社会における都市」をテーマとしたが、多彩な顔ぶれの十数名

吉田 伸之（よしだ のぶゆき）

が集まった。二度にわたる先生のレクチャー（問題の所在）を経て、都市史をめぐる四つのテーマごとにサブゼミが作られ、熱のこもった勉強と議論を繰り広げたのである。

そうしたサブゼミの勉強会の中で出会ったのが、この『幕末社会論』である。当時刊行されたばかりの本書を、むさぼるように読んだ。著者・佐々木潤之介氏（一九二九年－二〇〇四年）による精緻な（とその頃は思えた）歴史分析と、その背後にある強烈な問題意識、さらには歴史理論に圧倒された。羽仁五郎の革命情勢論や、エンゲルスの農民戦争論、レーニンの富農論などの検討。また明治維新史研究の膨大な蓄積との真摯《しんし》な格闘。これらの中から紡ぎ出される独創的な理論と方法。今読み直してみても難解・生硬な文体ではあるが、学問に対する厳格な姿勢に感銘を受け、半可通ではあったが、二度、三度とノートを取りながら読み込んだものである。おりしも大学の内外は、大学闘争の高揚を経た一九七〇年安保・沖縄闘争で騒然とした様相を呈していた。そうした中で、一九七〇年代日本の歴史学界を席巻することになる「世直し状況論」、「豪農－半プロ」論の本格的な開幕を告げたのが本書であり、その公表時に遭遇できたのは幸運であった。

本書は言外に読者へ問いかける。「何のために歴史研究を志すのか」、「変革のための歴史学とはどのようなものか」、「歴史の中の変革主体と、今を生きる自分との関わりはどのようなものか」。当面している現状とその変革に向けての強い思いが、ダイレクトに幕末維新期を舞台とする歴史学研究への問題意識に直結する。一見すると見事なまでの論理構成に敬服し共感したが、しかしどこかで違和感も残った。それは、日本近世における都市民衆の闘争を軽視する氏の方法や、それと表裏の関係にある実証分析の粗さに対する疑問であった。こうした点にこだわる中で、歴史学研究における自分の立ち位置を模索しはじめ、つまり（研究者としての）「大人になる旅」に旅立つことができたのである。その後、初めて佐々木学説を公然と批判したのは、それから一五年も後のことであった。

しかし佐々木潤之介氏の学問スタイルには、今でも変わらずに畏敬の念を覚える。新自由主義に冒され、あるいは商業主義に堕した似而非《えせ》「歴史学」が横行しつつある二一世紀の今、本書はひときわピュアに輝きを放ち、現代社会や私を含む歴史学の現状を冷徹に見つめているように思えるのである。

（二〇一〇年三月二三日号）

〈執筆者紹介〉

一九七五年人文科学研究科修士課程修了。博士（文学）。千葉大学助教授等を経て、一九九五年より二〇一二年まで人文社会系研究科教授。専門は日本近世史。主要著作に、『近世都市社会の身分構造』（東京大学出版会、一九九八年）、日本の歴史十七巻『成熟する江戸』（講談社、二〇〇二年）、『伝統都市・江戸』（東京大学出版会、二〇一二年）など。

28

図書館情報学を新境地へ誘う

『無文字社会の歴史』

川田順造

（岩波書店、二〇〇一年）

根本 彰（教育学研究科教授）

「『史』を『ふみ』とも読む感覚からすれば、無文字社会の歴史という問題のたてかたからして、意味のないものにみえるかもしれない」。この文章から始まる文化人類学者の著書が思い出の書である。この本が出た一九七六年は私が学部の四年生になった年である。

何とはなしに文化人類学をやってみたくて東大の文科Ⅱ類に入学した。文科Ⅲ類ではなく文科Ⅱ類を選んだのも進学振り分けを意識してであった。しかしながら、二重の意味で挫折感を味わった。一つはその進学振り分けに失敗して第二志望の教育学部に進学したことである。皆が進む経済学にはどうにもなじめず当時マイナーと思われていたところを選んでいた。

もう一つは、実際に文化人類学の最先端の本を読んでどうにもついていけないと感じたことである。当時、山口昌男がはなばなしく日本の人文知に変化を与えようとしているところだった。もちろんその前提として、フランス構造主義、とりわけレヴィ・ストロースへの注目があった。しかしどれを読んでも田舎からぽっと出の学生には難しく全体像を理解できないことが多かった（こういうものを自分の納得する形で理解するにはもう少し時間がかかることは後に分かってくる）。

そういう時期にこの本に出会って目を開かれる思いがした。なぜなら、著者がレヴィ・ストロースのところで学び、アフリカでフィールドワークを行ってフランス語で博士論文を書いた典型的なエリート学者で私とは無縁の存在と思っていたのに、本書を読んでみると実にわかりやすく誠実な文章が、私がたどろうとする方向を照らし出してくれるように感じたからである。同じ年に文庫本が出た同じ著者の『曠野から――アフリカで考える』と合わせた二冊をその後も繰り返して読み、読むたびに自分の論理と感性を信じて進む勇気を分けてもらった。

私は図書館情報学という分野を選択した。図書館とはとりあえずは文字を媒介に情報をストックして利用し合う社会的仕組みであると理解してもらえればよい。図書館や文書館という歴史構築のための基盤的な制度を研究するために、その前提となる文字によって人

根本 彰（ねもと あきら）

は何を伝えるのか、あるいは文字によって伝えきれないものは何であるのかという問題を最初に考えようとして、「口頭伝承と図書館」という卒論を書くことができた。

本書からは、目録や分類、本の歴史のような知識を中心とした分野と思われていた図書館情報学を人類の歴史や文化、知識のような大きなテーマと結びつけるヒントが得られた。著者は文字がなくとも歴史は話し言葉や身体によって伝えられることをあざやかに示している。文字のやりとりで成り立つはずの官僚制が、かえって文字による知識や情報の公共的利用を妨げてきた日本で、歴史や文化をいかにすればうまく共有し継承できるかという課題が得られ、これをその後一貫して追求するきっかけとなった。

（二〇〇六年七月二五日号）

〈執筆者紹介〉

一九八四年教育学研究科博士課程修了。図書館情報大学助教授等を経て、二〇〇三年より現職。専門は公共図書館論・比較図書館制度論・戦後図書館史。主要著作に、『情報基盤としての図書館』（勁草書房、二〇〇二年）、『続・情報基盤としての図書館』（勁草書房、二〇〇四年）、『理想の図書館とは何か——知の公共性をめぐって』（ミネルヴァ書房、二〇一一年）など。

29

無機物へ意識の枠広げた
『砂丘が動くように』

日野啓三

（中央公論社、一九八六年）

小野 良平（農学生命科学研究科准教授）

学業以外のことに凝ってしまい将来が定まらずふらついた学生であったが、モラトリアム（そんな言葉が流行っていた）学生の負い目を感じながらも進路を考え直し、それまでの分野を少し変えて大学院に進んだ頃だったと思う。決して本好きでもなかった自分がなぜこの本を手にしたのかが思い出せない一方で、その出会いは忘れがたく、買った本屋とその棚の位置まで覚えている。というのも、作品は日本海側のある都市を訪れた病み上がりの男の体験譚から始まるが、語られていくその街の印象が、本に出会う数カ月前に私もちょうどその辺りの街を旅行してきたこと自体を含め、そこで私自身が感じていたことと妙に符合していたからである。既視感でもない、作品が自分を追いかけているような（もちろん偶然だが）奇妙さは、自分の体験が夢かと思わせるほどであった。

大学院で進路変更したのは、それまでは生態学のようなことに一応の興味を持っていたのだが、自分の関心は生態系というシステムの中身よりも、その仕組みはともあれ眼の前に現われている風景そのものにあることに遅まきながら勘付いた（というか自分にそう言い訳させた）からであった。そうするうちにひたすら歩いたり、またそこに来たバスに適当に乗ってみたりして街をうろつくことが増えていったが、そんな時にたまたま接したこの本には独特の自然／風景への態度が染みわたっていた、それは一九八〇年代の言葉でいえば「ネクラ」な雰囲気であったが自分にはしっくりくるものだった。

わずかにかじっただけだった生態学も少し心残りで、「緑」で都市などの風景を整える手立てを勉強して職を得ようなどと軽く考えていた私には、この本の描く風景は良い刺激だった。女装をしてカリスマ性を放つビデオ作家らのまなざしを通した、何重にも映像的で、砂の粒状感や風の流動感に全体が覆われたざらついた風景は、緑豊かで穏やかな牧歌的風景などを退ける。「自然」というと動植物など生き物を中心に考えがちだったが、この本にあっては天象に加えて鉱物や建造物など無機物へ濃密な意識が注がれ、それらが生き物との間に境目なくつながり、時空の感覚を爽快に拡げてくれた。これはバブル経済を昇りゆく中でもてはやされた種々の都市論とも通じるところがあったが、一方でそれらとは一線を画していた気がする。

その後私は企業に運良く就職し、しばらく公園設計など「緑」の風景を扱う仕事に実際携わることができた。さらに期せずして大学に戻ることとなり、引き続き、そうした分野で食べさせていただいている。この間に世間はバブル期とは一転して持続可能性、新しい公共等々を掲げて「成熟」社会を目指しているかにみえ、風景の価値としてもエコ、共生、ナチュラル、癒しなどの掛け声が賑やかとなって久しい。「緑」屋としては時代は追い風なのであろうが、私自身といえばこの本を勝手に自分に対する踏絵にしているところがあって、「街に緑を！」などとは決して口に出せないでいる。

ところで二〇数年ぶりにこの本を手にし、絵だと思い込んでいた表紙カバーが写真（しかも高名な野町和嘉氏による）であることに気がつき、また新たに楽しむことができた。

（二〇一〇年六月八日号）

〈執筆者紹介〉

一九八九年農学生命科学研究科修士課程修了。農学博士。民間企業勤務等を経て、二〇〇一年より農学生命科学研究科助教授（二〇〇七年より現職）。専門は造園学、風景計画学。主要著作に、『公園の誕生』（吉川弘文館、二〇〇三年）、『ランドスケープ批評宣言』（共著、INAX出版、二〇〇二年）、『復興の風景像』（共著、マルモ出版、二〇一二年）など。

30

進取の学問へのいざない

『ソロモンの指環』

コンラート・ローレンツ（日高敏隆訳）

（早川書房、一九六三年）

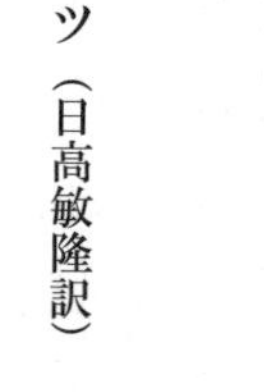

北本 勝ひこ（農学生命科学研究科教授）

駒場に入学して一カ月ほどたったころ、駒場自治会によるストが始まった。きっかけは、医学部の学生の不当処分撤回を求めるものだったと思う。当時、大学で授業料値上げ反対などのストは珍しいことではなく、通常長くても一週間程度で講義は再開されるのが常だった。入学後の緊張感から疲れが出るころで、クラスの雰囲気はちょうどいい中休みといった感じだった。ところが、このストはいつの間にか無期限ストという形に変わり、夏休みになっても講義再開の兆しは見られなかった。八月になり大学側最終案が提示されたが、一方的な総長告示という形がまたもや学生の反発を買い、さらにストは続いて、翌年の一九六九年は入学試験が実施されないという歴史的事態となった。そのため、約一年間は毎日、大学に来てもクラス討論と生物学研究会（生研）というサークル活動にほとんどの時間を費やした。

秋になると、講義内容にも学生の要望を取り入れた新しい自由ゼミなるものが登場した。その中に、東京農工大の若き教授だった日高敏隆先生のゼミがあり、早速、生研の友人と参加した。谷川岳や清澄山に泊まりがけで出かけて、昼は山で出会う虫、鳥、動物などの自然に触れながらの日高先生の講義、夜はお酒を飲みながら動物行動学の話を聞くといった楽しいゼミであった。この本を読むきっかけは、このとき日高先生に巡り会ったからだ。

この本の題名は、「ソロモン王は指輪をすると、あらゆる動物との会話が可能であった」という旧約聖書の話からつけられたものであるが、動物行動学の本である。当時、生物学では、遺伝学、生化学が華々しく発展していた時期であり、日本では行動学はまだ学問として認められていなかった。さまざまな動物の観察をもとにした話が書かれているが、特に、コクマルガラスの行動やハイイロガンのヒナが初めて見る動くものを自分の母親と思うという「刷り込み」（imprinting）という概念など、遺伝学や分類学などと大きく異なる見方に新鮮さを感じたことを覚えている。ちなみに、この本を読んでから四年後に、ローレンツはノーベル生理学・医学賞を受賞している。

授業が再開されてからは、一年以上の遅れを取り戻すべく、過密講義が始まり、通常よ

北本 勝ひこ（きたもと かつひこ）

り六カ月遅れて一〇月に農学部農芸化学科に進学した。駒場の生研では、さまざまな生物を研究対象としている少し変わった人物が集まっていた。筆者は、そこで高校生まで好きだった虫から、鳥、植物、最後は人間観察まで、二年半にも及ぶ長い駒場生活でいろいろな生物の観察をすることに没頭した。そのため、農学部に進学してからは、これまでの対象と異なる生物として、微生物を専門とすることにした。卒業後は、醸造試験所で清酒酵母と麹菌を対象とした研究を行い、その後、大学に戻り、現在は、麹菌の分子生物学を研究対象としている。先年、国際学会でローレンツが住んでいたウィーンを訪れ、自然史博物館の前で遊んでいるコクマルガラスと初めて出会った。そのとき、この本のことを思い出して、懐かしさを感じるとともになぜかとても豊かな心持ちになった。若いころ読んだ本は、年を経ても色あせることなく、記憶の底に密かに息づいているようである。

（二〇一一年一〇月一一日号）

〈執筆者紹介〉

一九七二年農学部卒業。博士（農学）。国税庁醸造試験所主任研究員等を経て、一九九六年より現職。専門は発酵醸造学、微生物生理学、分子細胞生物学。主要著作に、『バイオテクノロジーのための基礎分子生物学』（共編著、化学同人、二〇〇四年）、『改訂版 分子麹菌学』（編著、日本醸造協会、二〇一二年）など。

31

独創性への憧れ

『どくとるマンボウ航海記』

北 杜夫

（新潮社、一九六五年）

垣内 力（薬学系研究科准教授）

私は小さいころから虫、魚、イモリ、亀などの生き物が好きであった。好きな理由は自分でもよく分からない。犬や猫はあまり好きではないので、それらをペットとしてではなく、観察対象として好きなのだと思う。小さいころには遊びの一つとして、布団の中に潜り、カブトムシの幼虫が卵からふ化し二回の脱皮により大きく成長した後さなぎになり、その後羽化して成虫になるという過程を模倣していたことを覚えている。普通の人には想像できない遊びかもしれない。多くの生き物を捕まえてきて飼育ケースに入れるのが趣味だったので、中学生のころは水族館の飼育員になりたいと思っていた。中学校の先生にそのことを話したら「大学の先生になるのがいいかもしれませんね」と言われたものの、いっ

垣内 力（かいと ちから）

たいどんな仕事なのか想像もつかなかった。

この本に出会ったのがいつだったか、よく覚えていない。高校一年生のころに北さんの本をたくさん読んだ記憶があるので、その少し前、高校に合格した春休みだったかもしれない。当時この本を読んでとにかく面白く、なんかすごく格好いい世界があるなあと思い、小説家という職業を認識した。つまり、世界を自分なりの目で切り取って批評すること、知的職業人の独創性に対して私は憧れを抱いた。北さんは精神科医で、マグロ漁業の調査船に船医として乗り込んだ経験をエッセーとしてこの作品にまとめた。この作品の面白さは航海において生じたさまざまな出来事が作者独自の視点でユーモラスにつづられることにある。また、旧制松本高校における生活と若き日の小説家志望の葛藤が書かれた『どくとるマンボウ青春記』、昆虫の面白さが書かれた『どくとるマンボウ昆虫記』は航海記に勝るとも劣らぬ面白さである。私は虫好きという嗜好《しこう》が一致したこともあり、どっぷり北さんのファンになった。高校生の勢いで年賀状やファンレターを書き、北さんからいくつかお返事をいただいた。例えば、「（ある作品の中に出てくる）イモリという記述はヤモリの間違いではないですか」と私が指摘したのに対して「確かにその通りです」との丁寧なお返事をいただいたのである。今思い出すと何とも恥ずかしく、わざわざお返事を書いてくださった北さんに頭が下がるばかりだ。北さんのエッセーに多く触れたおかげで、夏目漱石の『草枕』など少し難解な文章も読むことができるようになった。漱石の一連の作品を読んで、次第に小説家に対する憧れは強まり、同時に研究者という独創性をなりわいとする職業があることに気付いた。生き物相手の研究者をやろうと東京に来て、一六年がたつ。二〇一一年、北さんは亡くなられた。お目にかかったことはないものの、北さんは私の先生であると思っている。ご冥福をお祈りしたい。

研究室の学生に漱石の本を読んだことがあるかと聞くと大半の学生が読んだことがないと答え、驚かされる。大学の研究室の最大使命は研究者を養成することであるが、研究者としての飛躍はその人が人生で培ってきた、世界を見る目にかかっている。目の前の点取り競争ばかりが頭にあっては、独創性は養われない。広く文学、芸術に触れ、己を磨き上げていただきたい。

（二〇一二年一二月一一日号）

〈執筆者紹介〉

二〇〇五年薬学系研究科博士課程修了。薬学部産学官連携研究員等を経て、二〇一〇年より現職。専門は微生物学、特にメチシリン耐性黄色ブドウ球菌（MRSA）の病原性発現メカニズム。欧米で問題となっている強毒型MRSAの高病原性の原因遺伝子を同定し、研究をおこなっている。

32

推理小説を読むような興奮

『遺伝子重複による進化』

S・オオノ（山岸秀雄＝梁永弘訳）

（岩波書店、一九七七年）

三谷 啓志（新領域創成科学研究科教授）

私にとっての科学の楽しみは三つある。不思議な現象に出会う驚き、その不思議に納得のいく説明をつける方法を模索する面白さ、そして、不思議を統合する「大いなる仮説」への魅力である。これらを知ってしまったのは、本学の理学部生物学科動物学コースに進学した三〇年前にさかのぼる。まだ生物に関する科学が理学・医学・工学・農学・薬学の歴然と異なる学問大系の枠組みの中でそれぞれ捉えられていた時代であり、ヒトゲノムが解読されることは、はるか夢物語であった。

当時の動物学教室では、知識のみを詰め込むことはせず、先端科学の知識よりも、ともかく延々と生物と対峙することで、その不思議を実感させ、自力で実験を遂行するモチベーションと能力を身に着けさせるスタイルが受け継がれていた。まず進学すると各自に机と顕微鏡が与えられ、最初の実習では、ザリガニの解剖に数カ月も割り当てられていた。特に実習課題の指示もなく、初日は、途方に暮れながらザリガニの一番小さな脚一本だけを丸一日かけてスケッチしたことを覚えている。他学科の同級生にはバカにされたが、もともと生物好きが集まっているので、放任されて勝手におもしろいことを探すことはまったく苦ではなかった。自分たちでナメクジやミミズやゴキブリ等を調達して思いつくまま実験や観察にふけっていた。今にして思えば、そんな毎日が夏休みのようなぜいたくな日々を過ごすことで、さまざまな知識や実験技術を吸収する欲が培われていったのだろう。

そんな日々を過ごして大学院進学を迎えた頃に大いなる仮説を構築するというさらなる科学の醍醐味を見せつけてくれたのが、「遺伝子重複による進化」という本だった。著者がS・オオノとあるのは、米国シティオブホープ研究所の大野乾先生の英語著書（一九七〇年）を和訳したためである。現在では定説となっている「進化の過程での全ゲノム倍加と遺伝子重複の重要性」を最初に指摘した本書では、後年「大野の仮説」とよばれる論理が展開されている。

海水から淡水への進出、陸上への進出、飛行能力の獲得等の局面で微生物、植物、昆虫、脊椎動物それぞれが飛躍的な進化を遂げている。本書では、一見無関係に見える膨大なデータを駆使して、染色体倍加こそが遺伝子ネットワークの潜在的機能獲得のためのビッグバンであることが看破されている。その大胆な推論展開は、ヒトの進化にも及び、まるで推理小説を読んでいるような謎解きの爽快感を与えてくれた。そこには、序論で述べている「基礎科学に携わる研究者で自尊心のある人ならば誰でもが望むように次世代の生物学者の考え方に影響を与えたいと思うならば、実験データの単なる生産者であるという水準から抜きんでて新しい概念を明確に提示するものとならねばならない」という大野先生の迫力が感じられる。

いかなる良書にも出会うタイミングがある。初めて生物学の洗礼を受けた直後で、ゲノム全体の膨大なデータが解明不可能なブラックボックスであることが前提であったからこそ、この本の真の魅力を受容できたのであろう。その後来日された大野先生とは何度かお話する機会を得ることができた。院生の私にも気さくに魚の進化の話から自宅で飼われている愛馬の話までしていただいたことは忘れられない思い出である。

現在では、多くの微生物や動植物のゲノム情報が明らかにされ、「大野の仮説」の中核である大規模な染色体・全ゲノムの倍加の結果として生じた遺伝子重複こそが遺伝子の機能的ネットワークが進化するために必要であったことを示す実例が蓄積されつつある。こうした遺伝子は、彼の名を冠して"Ohnologue"と呼ばれるようにさえなっている。私が、

三谷 啓志（みたに ひろし）

三〇年あまりの時を経てメダカでゲノム解析にかかわり、重複した遺伝子の機能獲得を研究することで大野の仮説の検証にわずかながらもかかわることになったのもこの本との出会いの巡り合わせであろう。シンプルであるが斬新なこの本の表紙を見るたびに、まだ見ぬ「さらなる仮説」への想いと次世代の生物学者への期待と羨望がわいてくる。

（二〇〇七年四月三日号）

〈執筆者紹介〉

一九八五年理学系研究科博士課程修了。博士（理学）。理学系研究科助教授等を経て、二〇〇三年より現職。専門は放射線生物学。主要著作に、「メダカゲノムから脊椎動物の遺伝子機能を探る」竹井祥郎編『海洋生物の機能』（東海大学出版会、二〇〇五年）など。

第四章　研究対象となった

33

隠された政治論の一極を知る

『君主論』マキアヴェッリ（河島英昭訳）

（岩波書店、一九九八年）

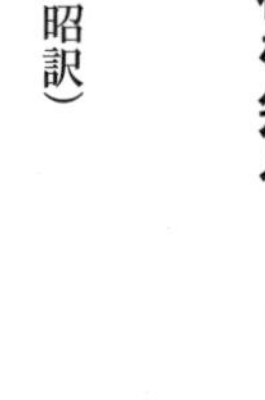

佐々木 毅（学習院大学教授）

私が大学に入学したのは一九六〇年代の初頭であり、早速、先輩たちに読書指導を受けた。その中にはマルクスのもの、ラスキのもの、丸山真男先生のものなどがあった。これらは当時の学生にとって誰でも知っているものであり、「常識」に属するものであった。これと並んで私の記憶に残っているのは、マキアヴェッリの『君主論』であった。これは当時黒田氏の訳が岩波文庫に入っており、容易に入手できた。出会った時から妙にウマが合い、幾度となく手にしたことが思い出される。その後、卒業の際にマキアヴェッリを取り上げ、彼についての論文で助教授になったのであるから縁は不思議なものである。

先に私はウマが合ったと述べたが、それは一九五〇～六〇年代の政治の議論の仕方に対する体質的な違和感と関係があったようである。当時はイデオロギー政治が大きな影響力を持ち、政治の議論には歴史論や哲学論が当然のように入り込み、そのこととの関連で政治や政治学の自立性が大きな話題になっていた。『君主論』はそうした政治の議論の仕方とは全く別な形で政治を議論して見せたもの、いわば、ロマンと霧に満ちた政治論ではなく「乾いた」政治論を示してくれたように見えたのである。そこから何が導き出せるかはともかくとして、当時の政治論に対する解毒剤の役割を『君主論』が果たしてくれたのは確かである。

イデオロギー政治は他の多くの政治論と同様、思想によって人間を変え、社会を変えることができるということを念頭に置いていた。これに対して『君主論』の世界は人間が変わらないものであること、どうしようもなく扱い難い存在であることを前提にした政治論を展開しているように見えた。「乾いた」というのはこの「身も蓋もない」状況を指している。このような『君主論』的な世界は現実のイデオロギー政治の中にも混在しているのであるが、当時の私の目には議論の当事者はそのことを隠蔽し、誤魔化しているように見えたのである。これは一人の生意気な学生としてはさぞ得意な心境であったことであろう。

ところがこの話は政治学のあり方の関わる様々な議論と絡んでいることに後になって気が付いた。政治学が権力現象に関わる学問であることは改めて述べるまでもないが、やがて『君主論』は「純粋に」権力現象を浮き彫りにした作品であるという解釈に出会うことになったのである。勿論、権力現象の分析が『君主論』に尽きるなどという解釈は論外であるが、私にとって『君主論』は思想研究の材料になったのみならず、政治学の考察にとっての一つの入門書にもなっていった。個々の政治現象はそれぞれに複雑であり、それを納得の行くように解明する常用可能な方式に公式や定式があるわけではないが、あくまで一つの極として、一つの理念型として思い出すのであれば、『君主論』は私にとってなかなか便利な知的ストックであった。本との出会いは大切であるが、その付き合いの中身は人生の中で様々に色合いを帯びてくるのがまた一つの楽しみである。

（二〇〇四年一一月一六日号）

佐々木 毅（ささき たけし）

〈執筆者紹介〉

一九六五年法学部卒業。法学部助教授等を経て、一九七八年より法学部教授。二〇〇一年より第27代総長、二〇〇五年より現職。専門は政治学・政治学史。主要著作に、『政治学講義[第二版]』（東京大学出版会、二〇一二年）、『学ぶとはどういうことか』（講談社、二〇一二年）、『政治の精神』（岩波書店、二〇〇九年）、『マキアヴェッリと「君主論」』（講談社、一九九三年）など。

34

反戦運動が生んだ批判精神

『経済原論』

宇野弘蔵

（岩波書店、一九六四年）

小幡 道昭（経済学研究科教授）

「大学の教科書が青春の一冊なんて暗いですね……」。たしかに。でも、そこには時代の風が吹いており、それなりの紆余曲折があったのだ。一九六〇年代末に都立高校に通っていた私は、ときどき授業をサボって友人と映画など見にいっていた。J・P・ベルモント主演のゴダール作品だったろうか、「ベトナムで今日の死者は何名でした」というニュースがカーラジオから流れてきて、アンナ・カリーナがポツリと「こんなふうにただの数にされる死は悲しい」なんて呟くシーンがグサッとくるタイプの学生だった。「知に還元されざる実存性か！」なんて。だから何でも数量化してしまう経済学なんかには、まるっきり興味がなかった。大学に入ったら、実存主義の哲学とかやってみたいと漠然と思っていたのだ。

そのころ、巷ではベトナム反戦運動が盛り上がりをみせていた。私はかの友人に誘われて、土曜の午後、赤坂見附の清水谷公園にも通うようになった。私は都民だったが、そこでは「市民」とよばれていた。「市民」集会の後、デモ行進して日比谷公園で流れ解散となる。当時は土曜も午前中授業があり、私たちは詰襟のまま学生鞄をぶら下げて参加した。高校生は制服姿でお互いすぐにわかり、マセた高校生どうし、たとえばこんな話になる。「実存なんていうけど、そんな裸の主体なんかいくら、いじりまわしてみても何もでてきません。現に君がいまここにきているのはなぜ?」「日常性を脱却し戦場の村を想像する主体として……」「ナンセンス！ それはけっきょく君が、戦後の日本に生まれ、ある家庭環境のもとで育ち、学校に通いテレビを見て雑誌を読み……といった、そうした関係性ぬきには説明できないでしょう。実存とか『類的存在』とか、そんなものに還元してもダメさ。人間は『社会的諸関係の総和』なんだから……」。

何でも知っているみたいでマイッた。そして挙げ句の果てに、「『資本論』読まないとダメさ。いまマル経をやるなら宇野だね」なんて、きいたふうな口をたたく。「宇野って?」だいぶ後で知ったことだが、どうやら駒場寮あたりで、セクトのお兄さんたちからみっちり「英才教育」をうけ、ウブな高校生をオルグしにきていたらしい、どおりで……。その後『組版原論』なんていう本をだしているところをみると、彼も原論から足を洗ったわけではないのかも……。

さて肝心の岩波全書の『経済原論』だが、そんなこともあり、また東大入試も粉砕してもらったので、浪人のときシコシコ読んだ。奇妙な教科書だった。一パラグラフごとに註が挟まっていて、そこで『資本論』の内容が批判されている。批判、批判、批判のオンパレードだ。おまけに巻末に「本書で採りあげた『資本論』の問題点」トップ二四までリストアップしてある。それまで目にした解説書は、ヘーゲルは実はこういったとか、サルトルはホントはこうだとか、そういうのが普通だった。そういうものかと思いきや、マルクスはこういっているが、それは誤りだ、私ならこう考えると書いてある。それも部分的な批判ではなく、だから全体の構成もこう変えたなどと公然という。まるでマルクス相手に囲碁を打っているようだ。

宇野はこうしたスタンスで、戦後いち早くスターリン批判を展開していた。権威主義的な社会主義がどうにも肌に合わなかった私に、論理のレベルで自由に批判ができるということは痛快だった。「マルクスもいっているように」などと、自分の主張をマルクスで権威づけるのとは正反対だ。とはいえ、批判されている『資本論』のほうは、はじめ歯が立たなかった。しかし、やがてこっちを読めば読むほど、宇野にも「問題点」があるのがわかってきた。マルクスの時代とも、宇野の時代とも、現実は変わっている。同じ碁盤で指すゲームとは訳が違うのだ。それでも、その批判精神だけは身に染みついたようで、気がつけば「キライなものは、権威、権力、賞に式」などと嘯《うそぶ》く困った爺さんになっていた。「じゃ、スキなものは?・」そいつがわかれば苦労はない。

(二〇一〇年五月一八日号)

小幡 道昭(おばた みちあき)

〈執筆者紹介〉
一九八一年経済学研究科博士課程単位取得退学。経済学部助教授等を経て、一九九六年より現職。専門は理論経済学。主要著作に、『価値論の展開』(東京大学出版会、一九八八年)、『経済原論――基礎と演習』(東京大学出版会、二〇〇九年)、『マルクス経済学方法論批判』(御茶の水書房、二〇一二年)、『価値論批判』(弘文堂、二〇一三年)など。

35

テクストの音からしばしば歓びが届く

『神　曲』

ダンテ・アリギエーリ（寿岳文章訳）（集英社、二〇〇三年）

村松 真理子（総合文化研究科准教授）

大学入学当初、博識の同級生たちに圧倒され、私は毎日劣等感に苛まれていた。その人たちは、授業に出るとか出ないとかなんてあまり関係ない風で、とにかくたくさん本を読んでいるらしかった。自分の無知と限界を思い知り、博識型知識人になるのは到底無理と私は一八歳の時点で見切りをつけた。

そんな自分にもできることは何か、と悩んでいたそんなある日、当時勉強する人の少なかったイタリア文学科に進学することに決めてしまった。ふと、「イタリア」自体をやってみようと思ったのだ。膨大な研究蓄積のある西洋史、洗練された知性と感性が必要な美術史、結構熱心に勉強もしたフランス語など、興味のあった分野のすべてからちょっとず

村松 真理子（むらまつ まりこ）

れ、実はそのどれもと関連していたのが「イタリア」だったから。小さい学科で自分にも何かできることが見つからないか、とも思ったのだ。まず語学能力が身に付く、と喧伝されていたので、学部卒業後改めて歴史研究を目指してもいいし、とも。ただしルネサンス以外にどんな文学作品があったかしら、特に二〇世紀には、と考えていると、母が「自転車どろぼう」「苦い米」なんて映画を作ったのだから、絶対素晴らしい文学があるはずだ、と突然確信に満ちて断言した。そこで探して読んだ翻訳作品は、カルヴィーノ、パヴェーゼ、ギンズブルグ、モラヴィア等。どれも期待を裏切らなかったし新鮮で、ネオレアリズム文学が素晴らしいのは想像がついた。これなら、やってもいいかな。「ローマの休日」の風景にひかれたのも、実は大きい。こんなところでいつか暮らせたら……。

つけ刃で文法を勉強、二〇歳の春に本郷に行けば、一四世紀イタリア文学の古典、世界文学に輝ける金字塔たる『神曲』を、いきなり原語で読まされた。いくらイタリア現代語と古典語の差が比較的小さいとは言え、中世ヨーロッパの知の集大成か百科全書かといわれ、11音節からなる詩行が三行ごとに韻をふむ（文法書の標準的シンタックスとはわけがちがう）（全部で一四二三三行の）長大な詩作品を、古語の動詞の活用に苦しみながら読むのは、本当に辛かった。主人公ダンテが罪と死の恐怖に瀕し、「地獄」「煉獄」「天国」の三つから成る「彼岸」への旅に出て、ついには至高の神を「見る」、という構成自体、私には遠いものだった。金曜五限のゼミの予習は、木曜日の夜中までやっても間に合わず、当日も必死だった。通学の電車の中、他の授業の合間、昼休みにお昼を食べながら、直前のラボで音声教材を聞きながら、必死で辞書をひいて、テクストをにらんだ。そうでもしなければ（そうしたところで）居並ぶ大学院生の間にすわって出席する勇気はなかなか出なかったし、先生もとても厳しく思えたものだった。

ダンテを専門的に勉強したい。学部の二年間の苦しみの後、修士課程に進学して、そう思った。幸いイタリア政府の奨学生試験にも合格、画期的ダンテ研究の論考を発表していた北イタリアの女性教授のもとに留学を果たした。ただし、最初の面談で、私のプロジェクトはあえなく一蹴。「修士論文程度で、ダンテについて何か新しいことが言えるわけはない。学術論文とは新しい発見がなければ、意味がない」と。そこで、私は一三世紀末物語文学の小品をとりあえずのテーマにして、数本の学位論文を書き続けることになってしまった。

さて、イタリア滞在一〇年余の後、思いもかけぬ不思議な巡り合わせで駒場に戻った。気がつけば、駒場でテクストを読み直している。授業でも、初級文法を一通り習ったばかりの学生と『神曲』を読んでいる（読ませている……）。彼らにとっての苦しみを想像しながら、ふとかつての自分を思い出す。

村松 真理子（むらまつ まりこ）

ダンテの詩と言語が生まれなかったら、現在のイタリア語も、イタリア文化も、随分違うものだったはず。それぐらい、ダンテの詩の言語は根本的な何かを築いた。それは、イタリアの国境をも超えた。一八歳のとき自分の無知にためいきをついたのと同様、膨大な先行研究を前に呆然とするが、テクストの音からしばしば歓びが届く。それを励みに、『神曲』について学生のみなさんに時々お話する。そして、書いたり訳したりしている。

一度、どうぞ、まずは読んでみてください。

（二〇〇六年一月一日号）

〈執筆者紹介〉

一九九七年イタリア国立ボローニャ大学博士課程修了。ミラノ大学講師等を経て、二〇〇二年より総合文化研究科助教授（二〇〇七年より現職）。専門は地中海文化構造論。主要著作に、アントニオ・タブッキ『イタリア広場』（訳、白水社、二〇〇九年）、*Segni e voci dalla letteratura italiana. Da Dante a D'Annunzio* (Collection UTCP 11), Tokyo, UTCP, 2012 など。

36

初々しい思い出を呼び起こす

『視覚新論』

ジョージ・バークリ（下條信輔＝植村恒一郎＝一ノ瀬正樹訳）

（勁草書房、一九九〇年）

一ノ瀬 正樹（人文社会系研究科教授）

哲学を勉強するっていうのは、一筋縄ではいかない。まず、哲学の古典に対して一定程度精通していなければならない。これが大変だ。原語でテキストを読まなければならないからである。実際、古典に対する知識なしに、先端的な話題だけを追っていくと、とんでもない恥をさらしかねない。しかし、古典を学ぶだけだと単なる文献研究になってしまい、「おける論文」「よれば議論」しか生産できないことになってしまう。古典に精通した上で、オリジナルな視点を提示しなければならないのである。しかし、これはもっと大変だ。大体、日本の哲学研究は、このオリジナリティの次元まで到達せず、西洋哲学を単に移入した文献研究にとどまっている、というのが一般の風説であろう。

一ノ瀬 正樹（いちのせ まさき）

けれども、それは風説にすぎない。こうした風説を生むのは、単に、日本人のオリジナルな提言を軽視するという、哲学に関心を持つ日本人自身の傾向性のゆえである。とりわけ、私が入学した頃の一九七〇年代後半の東大のキャンパスには、オリジナリティあふれる哲学が充満していた。駒場キャンパスの大森荘蔵、廣松渉、本郷キャンパスの黒田亘、坂部恵、こうした先生方がみずみずしい、刺激一杯の哲学を展開していたのである。私はまず大森哲学に接近した。大森先生は当時『新視覚新論』という著書を準備中であった。アイルランドの哲学者ジョージ・バークリの『視覚新論』に触発された思索を展開されていたのである。そのことを知った私は、まずバークリを理解すべく、『視覚新論』を読み始めた。これが私のその後の運命を決めた転回点だった。『視覚新論』はやたらとおもしろく、それに即した大森先生の議論もまたスリル満点だったのである。『視覚新論』は、視覚というものはそれ自体では色と光を伝えるだけのものであって、距離や大きさや位置といった認識の基本情報は視覚ではなく触覚に由来する、しかし視覚は触覚と習慣的に結合することによって間接的にそうした基本情報を伝えるに至る、という考え方を打ち出すものである。そのユニークな切り込み方はいまでさえ先鋭的に響く。私はとりあえずバークリで卒論を書くことに決心し、本郷に進学してからも英語の原書を読み進めた（翻訳などなかった）。もちろん、そうした過程で、大森荘蔵や黒田亘の独創的な議論はいつも大きな道標となっていた。そして結局、その卒論で大学院に進み、英語圏の哲学をおもな素材として哲学研究を進めるという、現在の事態にまで立ち至ったのである。思い返せば、一九七〇年代の東大キャンパスのあの濃密に哲学的な雰囲気がすべての出発点であった。私はその後、『視覚新論』の翻訳を自ら手がけることにもなった。よくよく縁があるのだろう。あの頃の感覚は現在形としてはもはやないが、事態を思いがけない仕方でえぐり出すときの、あの喜び、哲学の持つ独特の快感は、いまもしばしば蘇り、一九七〇年代の東大での、初々しい想い出へと連なっていくのである。

（二〇一〇年四月六日号）

〈執筆者紹介〉

一九八八年人文科学研究科（当時）博士課程単位取得退学。博士（文学）。東洋大学助教授等を経て、二〇〇七年より現職。イギリス・オックスフォード大学 Honorary Fellow も兼任。専門は哲学。主要著作に、『死の所有』（東京大学出版会、二〇一一年）、『確率と曖昧性の哲学』（岩波書店、二〇一一年）、『放射能問題に立ち向かう哲学』（筑摩書房、二〇一三年）など。

37 研究者として鍛えられた

『存在と時間』

マルティン・ハイデッガー（細谷貞雄訳）（筑摩書房、一九九四年）

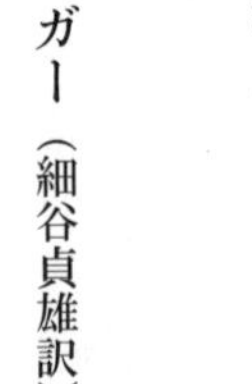

石原 孝二（総合文化研究科准教授）

この本の翻訳（細谷貞雄訳、理想社。現在ではちくま学芸文庫）を初めて読んだのは早稲田大学文学部（当時は第一文学部）の学生のときだった。伴博先生の授業で確か、ハイデガーの「芸術作品の起源」が取り上げられていて、ハイデガーに興味を持って読み始めたのではないかと思う。

「芸術作品の起源」はそれ自体芸術作品のような、美しく印象的な論文だったが、『存在と時間』は哲学的好奇心をかき立てられる本だった。古代から近代に至るまでの西洋哲学の伝統を解体しながら、独自の哲学を構築していこうとするところに面白さを感じたのだと思う。特に、日常性の分析から入りながら、その根底にある存在論的基盤を解明しようとしていこうとするところとか、「通俗的時間概念」と「根源的時間性」の対比などにひかれた（のだと思う）。

当時私は少なくとも大学院に進学して哲学の研究をしようというところまでは決めていたが、『存在と時間』とハイデガーは、当面の研究対象として魅力的なものだった。『存在と時間』を読んだのがちょうど卒論のテーマを決める時期だったので、そのままハイデガーを卒論のテーマとすることになった。本当はハイデガーを中心として、現代哲学を広く扱いたかったのだが、指導教員の伴先生からもっとテーマを絞るようにという指導をうけて、一番関心があったハイデガーに絞ることにした。

結局大学院進学後もハイデガーを専門にすることになり、博士論文まではハイデガーの研究を中心にすることになる。その意味では、『存在と時間』は、一冊の本としては、私のこれまでの人生に最も大きな影響を与えたものだということになるだろう。

その後北海道大学に就職してからは、科学技術哲学や科学技術倫理、リスク論などを中心に研究をするようになり、ハイデガーからは少々離れた研究をするようになった。また、四年前に駒場に来てからは、脳神経倫理や精神医学の哲学に関心を移している。

二〇代の一〇年間のかなりの部分をハイデガー研究に費やしたことになるが、その一〇年間は、山に登るような感覚だったように思う。『存在と時間』を最初に読んだときは、

石原 孝二（いしはら こうじ）

視界が晴れていくような爽快感があったが、『存在と時間』はそもそも未完に終わった書物であるし、ハイデガーのほかの著作も難解であり、そこには解かれるべき多くの謎が提示されていた。

その謎がどれほど解けたかは心もとないが、自分の中で納得できるところまで研究するのに一〇年かかったというところだろうか。この一〇年間の山登りの経験は、その後別の分野へと研究領域を広げていく際の地盤となったものだと思っている。

（二〇一二年八月七日号）

〈執筆者紹介〉

一九九六年人文社会系研究科博士課程修了。北海道大学准教授等を経て、二〇〇八年より総合文化研究科准教授。専門は科学技術哲学・倫理学、現象学。主要著作に、『科学技術倫理を学ぶ人のために』（共編、世界思想社、二〇〇五年）、『科学技術倫理学の展開』（共編、玉川大学出版部、二〇〇九年）、『当事者研究の研究』（編、医学書院、二〇一三年）など。

38　技術の負の面に触れ安全を意識

『マッハの恐怖』

柳田邦男

（新潮社、一九八六年）

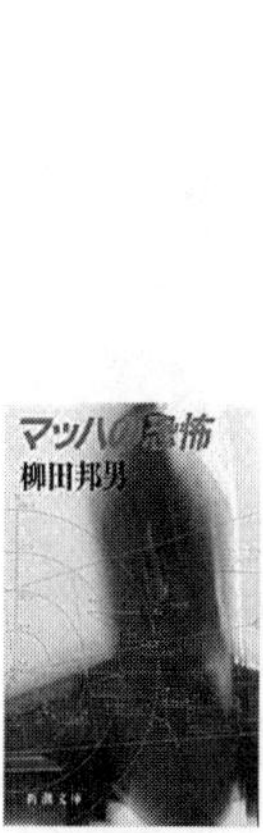

鈴木 真二（工学系研究科教授）

　この本に接したのは、駒場での進学振分けが決まり、航空学科（今の航空宇宙工学科）での二年生の専門科目が始まったころなのではないかと思う。名古屋で育った私は、名古屋空港での戦後初の国産旅客機ＹＳ－11の初飛行のニュースに胸を躍らせた記憶がある。航空学科への進学も、それ以来の漠然とした航空へのあこがれからだったにちがいない。ＹＳ－11が二〇〇六年九月に国内線から引退したというニュースがあったが、初飛行から四四年が経ったというから、初飛行のニュースを見たのは小学生のころだったことになる。

　柳田邦男氏の『マッハの恐怖』は、航空工学の勉強が単なるあこがれの延長ではなく、多くの人命を預かる責任のある仕事につながっているのだと、学生であった私に問いかけるものであった。

一九六六年、羽田沖のジェット旅客機の墜落に続き連続して発生した国内の連続ジェット機事故を、NHK記者であった氏がニュースとしては報道しきれないディテールをドキュメンタリーとしてまとめたものである。華やかな技術にも必ず負の側面があり、その恐怖を認識していなくては技術を使いこなすことはできない。輝かしい先端技術がわずかなミスや理解不足により悲惨な結果をもたらすことを、私たちは、その後にも多くを目撃することになるのだが、高度成長期の当時に技術の負の面に立ち向かう氏の姿は印象的であった。

私にとって特に強烈だったのは、政府の事故調査の方針に反発し、調査委員を辞してまで独自に事故解明を進めた山名正夫元東大教授の姿であった。事故原因を完全に究明しなくては事故から学ぶことはできないとする山名教授に、さまざまな圧力から屈しない大学人の凛とした姿を見る思いであった。山名教授が解析結果をまとめた『最後の30秒』（朝日出版社）をすぐに読んだのは当然である。学生には難しい内容であったが、教授の気迫だけは読み取ることができた。本郷に進学した時には、教授はすでに東大を退官していた。その講義を聞けなかったのは残念であった。

私は現在、飛行中に機体が故障しても安全に飛行を維持できる自動制御システムの開発や、パイロットの安全な着陸操縦の分析に関する研究を進めている。いずれも、脳神経網の働きを活用し、飛行機の安全性を高めようとするものだ。空中撮影や空中サンプリングを行える飛行ロボットの開発も進めているが、これも人が乗らなくて済めば安全だからという発想だ。あまり意識はしていなかったが、安全に関する研究にこだわっているのも、学生の時に読んだ本の影響かもしれない。青春の一冊の持つ意味は大きいと改めて感じた。

（二〇〇六年一一月七日号）

〈執筆者紹介〉

一九七九年工学系研究科修士課程修了。豊田中央研究所研究員等を経て、一九九六年より現職。専門は航空工学。主要著作に、『飛行機物語』（中央公論新社、二〇〇三年・筑摩書房、二〇一一年）、『ライト・フライヤー号の謎』（技報堂出版、二〇〇二年）、『力学入門』（コロナ社、一九九九年）『現代航空論』（東京大学出版会、二〇一二年）など。

第五章　研究の視座を育んだ

39

「あまのじゃく」になる勇気を

『日本人とユダヤ人』

イザヤ・ベンダサン

（山本書店、一九七〇年）

森田 朗（学習院大学教授）

学生時代に影響を受けた本はたくさんあるが、私が大学に入学した一九七〇年に出版され、話題になるとともに、私自身感銘を受け、その後の私の思考方法に大きな影響を与えたのが本書である。学問は、対象を客観的にとらえ、真理を探究することを使命としているが、特に社会科学の場合、対象に取り組み考察する視点や射程は、その時代の価値観や文化・伝統等によって制約されている。物事を見るときにどうしても、そうした呪縛から免れることができず、見えてこない部分が生じる。

しかし、世界には、さまざまな文化があり、価値観がある。異なる価値観に基づいて物事をみれば、全く異なる見え方をする可能性があり、そうした視点から見ることによって、異なる文化を持つ人々を理解することができるし、自分たちの思考の盲点を知ることができる。

本書は、われわれ日本人とは大きく異なる価値観を持つ、ユダヤ人の発想と日本人の発想を対比してみせてくれた書物である。私の入学当時、まだ大学紛争の余燼がくすぶるキャンパス内のあちこちでは、学生運動のセクト間でイデオロギー闘争とも言うべき論争が展開されていた。そうした議論に加わりつつも、何となくむなしさを感じていたとき、目からうろこが落ちるというのは少々大げさかもしれないが、自分の発想が陥っていた呪縛と、それからの脱出方法を教えてくれたのが本書である。

多くの日本人はタダと思っていた安全と自由と水が、ユダヤ社会では実に貴重であり、それらを獲得し、保持するために多大なコストを払っているという「安全と自由と水のコスト」の話であるとか、「和をもって尊し」とする文化を持つ日本人にとっては、全員一致は美徳であるが、ユダヤ人社会では、人はさまざまな考えを持っている以上、全員一致は異常であり、従ってむしろ無効であるという話。

こうした話は、自分たちの考え方は当然正しく、世界においても普遍的であると思っていた当時の多くの日本人に大きなインパクトを与えたが、まだ若く、真実は一つ、それを追求するのが学問の仕事と信じていた私もショックを受けた。当たり前のこと、皆が正しいと思っていることについても、それを疑ってみる。論敵との論争においても、相手の立場に立って彼の主張を理解してみる。こうした思考方法は、物事を多面的にとらえ、発想の呪縛によって見えなかった面に光を当ててくれる。それによって、解けなかった問題が解け、逆に安全と思っていた方針の危険な盲点が見つかるかもしれない。

皆が正しいと思っていることについて水を差し、悪いと言われていることを評価する。こうした「あまのじゃく」は日本では嫌われるが、たとえ嫌われても、むしろそうした「へそ曲がり」の発言こそ大切である。政治的リーダーの選出においても、また独裁国家に対する批判にしても、イザヤ・ベンダサンこと、山本七平氏のいう「空気」が支配しがちな世の中にあって、それを批判的に見る目を持ち発言する勇気を持つことは大切であり、そのような勇気を身につけるためにも、若き学生諸君に本書を一読することを勧めたい。

（二〇〇六年一〇月二四日号）

森田 朗（もりた あきら）

〈執筆者紹介〉

一九七六年法学部卒業。千葉大学教授等を経て、一九九四年より法学政治学研究科教授。二〇一二年より現職。専門は行政学。主要著作に、『現代の行政［改訂版］』（放送大学教育振興会、二〇〇〇年）、『会議の政治学』（慈学社、二〇〇六年）、『制度設計の行政学』（慈学社、二〇〇七年）など。

40

思想の変化を掘り下げる

『共同研究　転向（上・中・下）』

思想の科学研究会　編

（平凡社、一九五九年〜一九六二年）

塩川　伸明（法学政治学研究科教授）

「大学生の頃に読んだ本」という企画趣旨からややずれるかもしれないが、この本を読んだのは高校生時代のことである。高校生に理解できるはずのない「大人向け」の本を背伸びをして読んだので、中身の理解もおぼつかなかったし、その後に読み返していないため、現時点での記憶もおぼろげになっているが、それでも意識の核のような所に何かがずっと残り続けており、私にとっての「青春の一冊」という意味を持っている。

本書の主題を簡単に紹介すること自体はそれほど難しくないが、それだけでは誤解を招きやすく、「何だってそんな本に影響を受けたの？」という素朴な不審の念を引き起こす可能性が高い。今から見れば古くさい主題を取り上げたものであり、議論の仕方は当時としては新しかったにしても、そのような問題に取り組むこと自体が今ではピンとこないだろうからだ。

詳しく説明する紙幅がないので、とりあえず、常識的な意味での紹介に「それだけじゃないんだ」という解説を最低限付け加える形で書いてみたい。本書の主題である「転向」とは、戦前日本の共産主義者たちが国家権力の弾圧によってその信条を放棄し、体制に協力するようになったことを指す。こう書くと、「戦前」「共産主義者」「国家権力の弾圧」という一連の言葉が、いかにも現在とは縁遠いもののように響く。しかし、これを「ものの考え方の変化」と一般化し、その原因には内発・外発取りまぜた種々のものがあるというように拡大して考えるならば、今でも意味を持つ主題となるだろう。

本書の著者たちの姿勢は、「弾圧によって信念を放棄したのは卑劣な屈服だ」とか、「もともと抱いていた信条が間違っていたのだから、それを放棄するのは当然だ」といった評価を急ぐのではなく、当事者たちがどのような内面的なドラマを演じていたのかを掘り下げようというものである。多くの場合、「転向」の最初の段階では、それまでの自己の思想の弱点に対する真剣な反省や葛藤《かっとう》があったのだが、やがて「転向」を過剰に正当化するために極端なところに走ったり、緊張感を欠いた大勢追随に至ったという経過が描かれている。現代においても、思想の大規模な変化は次々と起きているが、個々の局面には真剣な格闘や種々の葛藤があるにしても、ややもすれば安易な流行追随や、過去の思想の単純な忘却が大勢を占めていることを思えば、本書の「転向」分析には今でも有意味なものがあるのではないかと思えてくる。

　過去の人々を遠くから眺めると（私が本書を読んだ時点で、その対象はすでにかなり古い過去となっていた）、表面的な結果しか見ることができない。しかし、一歩掘り下げるなら、そこには驚くほど生々しいドラマを垣間見ることができる。そういうことを教えてくれた本である。

（二〇〇八年五月六日号）

〈執筆者紹介〉

一九七九年社会学研究科（当時）博士課程単位取得退学。法学部助教授等を経て、一九九二年より現職。二〇一三年定年退職。主要著作に、『冷戦終焉20年』（勁草書房、二〇一〇年）、『民族とネイション』（岩波書店、二〇〇八年）、『民族浄化・人道的介入・新しい冷戦』（有志舎、二〇一一年）、『多民族国家ソ連の興亡（I～III）』（岩波書店、二〇〇四年・二〇〇七年）など。

41

朗読会で受けた衝撃

「秋刀魚の歌」

佐藤春夫　作

（『我が一九二二年』所収、新潮社、一九二三年）

川島 真（総合文化研究科准教授）

「青春の一冊」と問われても、実は「この一冊」と言えるような書籍は、なかなか思い出せない。だが、別に本を読まなかったわけではない。Windows95が出た時に二七歳で、それ以前はＤＯＳ平面を経て電子メールを英語で書いていた（日本語で書けなかった）、完全にデジタル化以前の世代なので、活字は確かに魅力的な媒体だった。とはいえ、何か画期となるような一冊と言われると困ってしまう。

だが、振り返ってみれば、青年期の読書にはある特徴があったように思う。印象に残っているのは、中学校二年生の時にロシア文学にはまり、『罪と罰』にのめりこみ、自分がラスコーリニコフになったかのように没入したことだ。日常生活に影響するほど主人公や登場人物に感情移入する読書、それは青年期の読書の特権かもしれない。だが、大学生になると、なかなか感情移入もしなくなっていったようにも思う。読む本も小説から、だんだんと論説に変わっていっていた。

大学三年生の時であったかと思う。ほどほどに授業に出て、アルバイトに精を出す日々だったころ、後輩に誘われて朗読会に行った。どなたの朗読であったか覚えていない。だが、そこで聞いた佐藤春夫の「秋刀魚の歌」は強烈だった。それまでラジオで朗読を聞いたことは何度もあったが、あれほど強いインパクトは受けたことはなかった。なぜ、あれほど揺さぶられたのか。いまから思えば、「秋刀魚の歌」の一文字一文字に込められた、去っていった作者の恋人千代子（谷崎潤一郎の妻）に対する思い。そして、世間に流布してしまっている「苦いか塩っぱいか」というフレーズと、その詞にこめられた意味のギャップであったのではないかと思う。もちろん、当時の自分は不勉強でこの歌に込められた作者の意図は知らず、ただ秋刀魚の味としての「苦いか塩っぱいか」のことであろうと思い込んでいた。読者の皆さんはご存じだろうが、この歌は恋人千代子が去ってから、作者が恋人と「蜜柑の酢」をかけて食したことを思い出しながら、一人涙の味を滴らせてその秋刀魚を食べる情景を詠んだものである。頭をガツンと殴られたような気がして、古本屋でこの本の載っている原典を探し出して、柄にもなくその詩を読み返した。

このような体験の後、自分の中で何がどう変わったのか、意識できていない。ただ、その詩の中身よりも、その体験そのものが自分に影響を与えたことは感得できる。感情のこめられた詞のもつ力と、心の想いを詞に乗せるという表現の行為、そして何よりもそれだけの真剣な行為が、ある意味で茶化されながら、世間に流布しており、それを自分も漠然と「知識」として持っていたという羞恥、このようなことを体験したこと、それは（これも結果論かもしれないが）事実とされていることを疑い、原典に当たるという姿勢につながったような気がする。

その後、佐藤の活躍した時代を対象にした歴史を研究し、彼の旅した台湾に留学することになった。別に佐藤にかかわりがあるわけではないが、何かの縁かもしれない。

（二〇〇九年七月一四日号）

川島 真（かわしま しん）

〈執筆者紹介〉

一九九七年人文社会系研究科博士課程単位取得退学。博士（文学）。北海道大学助教授等を経て、二〇〇六年より現職。専門はアジア政治外交史。主要著作に、『中国近代外交の形成』（名古屋大学出版会、二〇〇四年）、『近代国家への模索 1894-1925』（岩波書店、二〇一〇年）、『グローバル中国への道程 外交150年』（共著、岩波書店、二〇〇九年）など。

42

何時間も楽譜を読みながら楽しむ

『ショパン練習曲』

パウル・パドゥラ＝スコダ　編

（一九七三年）

ヘルマン・ゴチェフスキ（総合文化研究科准教授）

青年の時に本を読むのはあまり好きじゃなかった。というよりほとんど読まなかった。好きだったのは自分で考えることと音楽を演奏することだった。大学に入る時に専攻を数学にするか音楽にするか迷ったが、音大の入試を受けてみて合格したので音大のピアノ科に入った。だから私が学部の頃、図書館から借りて読んだのはほとんど楽譜ばかりだった。

楽譜は「読む」とはあまり言わない。椅子に座って、ある曲の楽譜を最初から最後まで読み通すことはあまりない。図書館で面白い楽譜を見つけたらそのように読むこともあるが、それは本を読む場合とちょっと違う。つまり小説の場合には本を読むことは本来の楽しみ方だが、楽曲の場合は楽譜を読むのは本来の楽しみ方ではない。

曲を聴きながらその楽譜を目で追いかけることも「楽譜を読む」といえるかもしれないが、私はそういうことをあまりしない。音楽の響きを聴きたい時はそれを聴き、楽譜を見たい時はそれを見るというのが私の趣味だ。曲を習う時はもちろん楽譜を見る。しかしその見方も必ずしも「読む」という感じではない。私は初見で弾くのが苦手の割に暗譜が早かったので、曲をゆっくり解読しながら弾けばそれがすぐ頭に入って、あと九割以上の時間は楽譜を見ないで練習していた。

私の楽譜の見方を大きく変え、そして私が何時間も楽譜を読みながら楽しむことが出来るようになったきっかけの楽譜がある。それはパウル・バドゥラ＝スコダの編集による『ショパン練習曲』（一九七三年、ウィーン原典版）だ。この編集はちょっと特別だ。

クラシック音楽の楽譜を編集する際、編集者は普通その曲の主な自筆譜、初版楽譜、作曲家の書き込みがある楽譜などを比較し、違いがある場合にはそれぞれ一番正しいと思われるものを選んで一つの「決定版」を作る。編集者によってその判断が違うので、有名な曲には様々な「決定版」がある。多くの演奏者はそれを自分で比較して判断するのではなく、先生などからいいと聞いたものを使う。

しかしさまざまな版の違いは必ずしも細かい問題ばかりではなく、演奏解釈に大きく関係してくることがある。作曲家が作品をどの様に訂正して来たかというプロセスを知るのが解釈の鍵となることもある。だから学問的なエディッションには「校訂報告」があり、原典の相違点がリストアップされている。ただし校訂報告は細かい情報と省略記号が多くて大変読みづらく、本で勉強するのが苦手な演奏者はそれをほとんど見ない。私もそうだった。そこでバドゥラ＝スコダが考えたのは、演奏者にとって重要な相違点を全て譜面に表し、細かい情報だけを校訂報告に譲ることだ。ショパンは練習曲を演奏したり生徒に教えたりしながら行った変更が多数あるので、ウィーン原典版には二つ以上の可能性を並べている箇所が多い。

私はこの楽譜を使うことでショパンの作曲過程、楽譜の読み方、編集者の役割が大変よく分かった。だからその後はどんな楽譜もより丁寧に読み、校訂報告も必ず読むことにした。

＊ショパンの練習曲作品10／3のバドゥラ＝スコダ版。三一小節には二つ、三四小節には三つ、和声的に異なるバージョンがある。注に指摘されているように、現在ほとんどの演奏者が弾いている「決定版」のテキストはそれぞれのバージョンからの組み合わせによってできているが、その組み合わせ自体はどんな原典にも載っていない。

（二〇〇九年四月二一日号）

【追記】　この記事を書いたのは四年前になるが、特に手直しを加えることはなさそうである。ただ、新しい視点として、以下の事実を付記しておきたい。実は、私が本紙に記事を書いた後、学生から、ショパンの自筆譜と初版の多くがネットで、無料で見られるようになったことを教えてもらった。これがいつからのことなのかは分からないが、このことを知ってからというもの、私はバドゥラ＝スコダ版と原資料との照らし合わせを楽しむようになった。その中で、バドゥラ＝スコダ版の足りない部分にも色々と気がついたが、それは楽譜の販売を仕事にしている出版社の都合も考えればしかたのないことだろう。私は、昔バドゥラ＝スコダ版から学んだことをより深め、その理解を学術論文にも活かしてきた。もしバドゥラ＝スコダ版に出会わなければ私の原資料への興味もわいてこなかっただろう。その意味で、この「読書」経験は私の最近の学術的な活動にまで響き続けている。このことをこの場を借りて改めて強調しておきたい。

ヘルマン・ゴチェフスキ

〈執筆者紹介〉

一九九三年フライブルク大学大学院博士課程修了。哲学博士。二〇〇〇年ベルリン・フンボルト大学で音楽学の教授資格取得。二〇〇四年より現職。専門は音楽学・比較音楽論。主要著作に、『貴志康一と音楽の近代』（共著、青弓社、二〇一一年）、『東大駒場連続講義 知の遠近法』（編、講談社、二〇〇七年）、*Die Interpretation als kunstwerk*, Laader, 1996 など。

43

古典を原語で読む最初のきっかけに

“Das Kapital”

カール・マルクス

（邦題『資本論』）

佐藤 学（学習院大学教授）

「我が青春の一冊」と言われても、あれこれの書物が思い浮かび、そう簡単に一冊に絞り込めるものではない。そうつぶやきながらフンボルト大学の正門前の古本市を物色していたら、懐かしい青い表紙の三冊本、カール・マルクスの『資本論』（普及版）が目の中にとびこんできた。「そうそう、これこれ」と手にとってみると、一九七一年の出版である。私が、この三冊本を神田のナウカ書店で購入したのは一九七二年、大学三年生のときだった。そうか、東ドイツで出版された翌年のことだったのか。値段は思い出せないが、貧乏学生にとっては一万円以上の高価な買い物だった。こちらの古本市の三巻本の値段は「二四ユーロ」である。あまりにしげしげと本に見入っているので、露天商のおばあちゃんが

佐藤 学（さとう まなぶ）

「二〇ユーロにまけとくよ」と声をかけてきた。

私が立っているウンター・デン・リンデン通りの行く手にはブランデンブルグ門が見える。あのベルリンの壁の崩壊のハイライトのシーンが目に浮かぶ。そのブランデンブルグ門の前は、今はサッカーのワールド杯の応援者たちで沸き返り、ドイツの三色旗で塗りつぶされている。時代はまったく変わったのだ。それにしても、かつて東ドイツの学問の中心、それ以前にはヘーゲルが教授をつとめマルクスが学生時代を過ごしたフンボルト大学正門前の古本市で、安値でたたき売りされる『資本論』全三巻というのは、いささかわびしいし郷愁を帯びてくる。そう言えば、旧東ベルリンの建築は、旧西ベルリンの建物の華やかさとは対照的にどれもこれも無機的で精彩を欠いている。建物だけではない。今も旧東ベルリンの人々と旧西ベルリンの人々では心性において何かが違っている。私としては旧東ベルリンの人々の感性や心性に親近感を覚えてしまうところがある。ベルリンの壁は何だったのか、そしてその崩壊は何だったのか。そんな複雑な思いをそそられる本である。

学生時代にこの本を買った私は、辞書を片手に読破することに挑戦した。最初の数日は一頁も進まない。しかし、毎日こつこつと読み進めると、三カ月もたつと一頁で辞書をひくのは数カ所になってくる。このやり方で四カ月後には第一巻を読み終えることができた。それからの私は、神田のナウカ書店にでかけては、教育学、歴史学、哲学の独語文献を読みあさった。と同時に、同じやり方で、ロシア語でクルプスカヤの教育学とヴィゴツキーの心理学の本も読破した。すでにドイツ語もロシア語もほとんど忘れてしまったけれど、私にとって『資本論』（原語）は、その内容よりもむしろ、古典を原語で読む道筋を開いてくれたところに意義があった。「青春の一冊」と言っても、一つの書物が私の人生に決定的影響を及ぼしたとは思わない。しかし、学生時代に読んだ一冊一冊の経験を経て、今の社会や世界の出来事に対する感覚や思考が形成されていることだけは確かである。

（二〇〇六年八月一日号）

〈執筆者紹介〉

一九八〇年教育学研究科博士課程修了。博士（教育学）。三重大学助教授等を経て、一九八八年より教育学部助教授、一九九七年より教育学研究科教授。二〇一二年より現職。専門は教職開発学。主要著作に、『カリキュラムの批評』（世識出版、一九九七年）、『教育方法学』（岩波書店、一九九六年）、『学校改革の哲学』（東京大学出版会、二〇一二年）など。

44

「亡命生活」とニーチェ読解

“Nietzsche et la philosophie”

ジル・ドゥルーズ

（PUF、一九六二年、邦題『ニーチェと哲学』）

石田 英敬（情報学環・学際情報学府教授）

一九七六年の春だったと思う。その頃、私は、パリでひとり「亡命生活」を送っていた。その前の数年は、最近、四方田犬彦（『歳月の鉛』工作舎、二〇〇九年）が書いたような「鉛の歳月」だったからだ。

復活祭のバカンスは、パリの北部歓楽街のピガールから少しさがったラ・ブリュイエール街の屋根裏部屋に引きこもり、乾いたパンとチーズ、そしてリンゴをかじりながら何冊も本を読破した。

当時の私は、「政治」からも「思想」からも「降りた」つもりだった。ただ「生きている」ことの意味をかみしめている毎日だったといえるかもしれない。隣の部屋にはチュニジア人の鉛管工の家族が住んでいて、小学生の男の子がときどき宿題をもって遊びにきた。その向こうの部屋には「オ・ペール（住み込みベビーシッター）」のフィンランドの女子学生がいて、廊下の暗がりですれ違うと金髪がまぶしかった。

何冊も何冊もただ本を読み、貧しい食事をし、ノートをつけ、眠り、また本を読む、文字通り孤独な、しかし書物と深く対話する日々だった。そのように読書を繰り返すうちに出会ったのが本書である。確か、サンミシェル街のソルボンヌ広場の角のPUF書店で買い求めた一冊だったと思う。

ニーチェについては、日本を出る前に「永劫回帰」について深く考えたことがあった。自分自身の「死後」と向き合ううちに、ある種宇宙論的ともいえる特異な時間的実存を発見したように感じていたからだ。

私がジル・ドゥルーズの書に読んだのは、それまで語られていたマルクスや実存主義の弁証法や否定性の理論とはまったく違う、「肯定」の思想、「反復」や「偶然」や「力」をめぐる「ハンマーで打つ哲学」である。私は、自分のニーチェ読解から得ていた時間的実存を、ドゥルーズが説くニーチェの哲学に重ねて読んでいった。それが当時の閉塞の状況からのニーチェ的な「快癒」の書となったのだと思う。まったく新しい思考の可能性を発見したのである。

そのころ私はフランス語のトレーニングを積んでいたから、当時読んだのはもちろんすべてはフランス語原書である。自分自身の思考が別の言語で動き始める経験、自分自身の思考の分身が別の言語で立ち上がるような経験だったといってもいい。
その後、しばらくして、ヴァンセンヌの森の大学にドゥルーズの講義を聴きに行き、コレージュ・ド・フランスのフーコーの講義に出かけていくようになった。今につながる自分自身の思考の原点である。

（二〇〇九年九月八日号）

石田 英敬（いしだ ひでたか）

〈執筆者紹介〉

一九八八年人文科学研究科（当時）博士課程中途退学。一九八九年パリ第一〇大学大学院博士課程修了。博士（人文科学）。同志社大学助教授等を経て、二〇〇〇年より現職。専門は記号学・メディア論。主要著作に、『自分と未来のつくり方』（岩波書店、二〇一〇年）、『現代思想の教科書』（筑摩書房、二〇一〇年）など。

45

深みある文章とじっくり向き合う喜び
“The Constitution of Liberty”

H・A・ハイエク

（一九六〇年、邦題『自由の条件Ⅰ〜Ⅲ』）

伊藤 元重（経済学研究科教授）

私がこの本に出会ったのは学部の三年生の時でした。当時、たまたま大学のゼミの教材の一つとして取り上げられたこの著者による論文（“The Use of Knowledge in Society” *American Economic Review*, 1945）に強い印象を受けて、どこかの書店で手に入れたものです。

学部三年生の頃は学問としての経済学に少しずつ興味が出てくる時期で、日本橋の丸善や神保町の北沢書店などの洋書店に週に一度くらい足を運んでいろいろな経済の専門書を眺めていました。お金のない学生にとって当時の洋書はとても高価なものでしたので、一つの本を購入する決心をするまでに何度も書店に足を運んだものです。ハイエクのこの本もゼミで読んだ論文が印象に残っていて、書店で彼の本を見つけて購入しようかどうか何度も迷ったあげくに購入したことをよく覚えています。

学生時代の私はあまり熱心に授業に出るタイプではありませんでした。それよりは一人でいろいろな本を読む時間が多かったようです。別に四六時中部屋に籠もっていたという訳ではなくオーケストラなどに入って学生生活をエンジョイしていましたが、それでも授業にまめに出るよりは一人で本を読んでいることを選んだ学生でした。

駒場の学生だった頃、文芸評論家の加藤周一さんがカッパブックスから出した『読書術』という本に影響されて、その中で書かれている「一日一冊」を実行しようとしたことがありました。のんびりとした地方の公立高校から東京に出てきた学生にとって、当時の東京と地方の知的雰囲気の格差は非常に大きいもので、早くその差を埋めたいというようなあせりみたいなものもあったのかもしれません。

一日一冊などということは今になって考えれば笑い話にもなりませんが、当時はそれだけ知識への渇望があったのかもしれません。一日一冊のノルマは数週間で挫折しましたが、それでもより速く多くを読む生活がしばらく続きました。

しかし、本郷にやってきてゼミでこのハイエクの論文を読むにあたって、駒場時代の読み方では全く歯が立ちません。とにかく書いてある内容が深く、当時の私では一頁を理解するのに何時間もかかる始末です。それでもゼミの課題でもあるということで悪戦苦闘する中で、次第にじっくり読むことの楽しさを感じるようになってきました。ハイエクの著作にはじっくり時間をかけて読むことに応える深みがあるのでしょう。

そうした体験もあり、何度か書店に通ったあげくにこの本を購入しました。この本を集中して読んだわけではないのですが、夜寝付けないときなど、この本を出して一頁ほどをゆっくりと読んだことを覚えています。残念ながら当時読んでいた本はアメリカへ留学してその後日本に戻ってくるどこかで紛失してしまいました。今手元にある本は何代目かですが、今でも年に何度かはハイエクのこの本を出して寝床の中で少しだけ読むという習慣は残っています。今はそうした私の夜の愛読書の数はもう少し広がっており、ハイエクの本はその一つにすぎなくなりましたが、一つの本と何年もつきあう楽しみを教えてくれた本として私には思い出の深い本です。

（二〇〇五年五月一七日号）

〈執筆者紹介〉

一九七八年ロチェスター大学大学院経済学部博士課程修了。ヒューストン大学助教授等を経て、一九九三年より現職。専門は国際経済学・ミクロ経済学。主要著作に『入門経済学［第二版］』（日本評論社、二〇〇一年）、『ゼミナール国際経済入門［改訂三版］』（日本経済新聞社、二〇〇五年）、『ビジネス・エコノミクス』（日本経済新聞社、二〇〇四年）など。

46

永続する、「テクスト」の魅力

『響きと怒り』

ウィリアム・フォークナー（高橋正雄訳）

（講談社、一九五九年）

塚本 昌則（人文社会系研究科教授）

「自分がしなかったことは、完璧に美しい」とヴァレリーは言った。フランス文学研究の看板を掲げてはいるものの、学生時代のことを考えると、随分いろいろな国の文学を翻訳で読んだ。それらの作品は、専門に選べなかっただけに、ますます輝いて見える。とりわけウィリアム・フォークナーは、今でもよく読み返す作家である。

フォークナーは、言うまでもなく、斬新な小説技法と、土着的な風土のはらむ問題の結合という、二〇世紀文学の大きな流れを徹底して追求した作家である。ヨクナパトーファというアメリカ南部の架空の町を舞台に連作を書きつづけたその作品世界は、どういうわけか日本ともフランスとも相性が良く、中上健次に強い影響をあたえたり、サルトルを介してフランス文学に大きな反響を及ぼしていることが知られている。

学生時代、まったく知識もないまま手にした講談社文庫版の『響きと怒り』には、それまで小説というものに持っていた偏見を完璧に覆すだけの破壊力があった。それまでの偏見というのは、小説は読めば分かるだろうという考え方である。ところが、『響きと怒り』は、読んでも分からない。何せ、初めのうちは白痴の独白が延々と続く小説である。全体をある程度見通して、自分が物語世界のどのあたりに位置するのかを知る瞬間は、いつまでもやって来ない。

では、まったく何も分からないかというと、そういうわけでもない。それどころか、反復されるさまざまな要素が、魔術的な気配を帯びていて、一度引きこまれると頁から目を離せなくなってしまう。例えば白痴のベンジーにとって、姉キャディーは、雨に濡れた木のような匂いのする存在である。それが何度も繰り返されるために、ベンジーが彼女から木の匂いを嗅ぐことができなかったとき、悲劇的な何かが起こったことがわかる。出来事の内容はわからないが、胸の張り裂けそうな、取り返しのつかない何かが起こったことが伝わってくるのである。

この小説は、学生だった自分に、「テクスト」というものが存在することを理解させてくれた。「テクスト」は、物語や情報に還元できない、不透明な、それでいて確かな意味

塚本 昌則（つかもと まさのり）

作用をもった物体である。それは錯綜した塊で、喪失のかなしみや、なだめようのない苦痛を、一言も名指さないまま読み手に伝達してくる不思議なものである。一度魅入られると、離れられなくなる。

ところでその後、自分の専門領域で、思いがけない形でフォークナーと再会した。カリブ海マルチニック島の作家グリッサンの評論『フォークナー、ミシシッピー川』（一九九六年）が、物語を巧みに語ることではなく、破局をひたすら加速させていくようなフォークナーの書き方に、独自の角度から光を当てているのである。グリッサンによれば、フォークナー作品の驚くべき特徴は、破られた平衡状態にもはや後戻りできない世界を創造した点にある。叙事詩であれば、無秩序に陥った故郷にふたたび秩序が回復される。悲劇であれば、暴かれた事柄によって感情が浄化されるだろう。しかしフォークナーにおいては、秩序の回復も浄化もないまま、崩壊の過程がどこまでも引き延ばされるだけだというのである。

その根底にあるのは、他人から奪った土地の上に、継続性のある家系を築くことはできないという事実だ、とグリッサンは指摘する。アメリカ南部では、どれほど血統の正統性にとらわれ、自分の血筋を維持することに腐心しても、その願いはかなえられない。出発点にある土地が、犯罪と簒奪によって得られたものだからである――アメリカという土地に対するこの考え方を論じるためには、グリッサンという作家を知る必要があるが、もはや紙幅が尽きてしまった。
いずれにせよ、誰がどのように解釈しようと、フォークナーを読む楽しみがそれで終わるわけではない。複雑に編まれた「テクスト」と出会うことができれば、いつまでもつづく楽しみを手に入れたようなものなのである。

（二〇一〇年四月一三日号）

〈執筆者紹介〉

一九九二年人文科学研究科博士課程退学。博士（文学）。白百合女子大学専任講師、人文社会学研究科助教授等を経て、二〇一〇年より現職。専門はフランス文学。主要著作に、『〈前衛〉とは何か？〈後衛〉とは何か？』（共著、平凡社、二〇一〇年）、『フランス文学講義』（中央公論新社、二〇一二年）など。

47

背伸びして本を見つけよう

『現代数学概説Ⅰ』

彌永昌吉＝小平邦彦

（岩波書店、一九六一年）

山口 和紀（総合文化研究科教授）

高校時代は生意気盛りである。難しそうな本を（難しそうだからこそ）読んでみようとするものである。私が通っていた高校では数学指向の学生はブルバキの数学原論を読んでいるのが多かった。原書で読んでいた強者もいたらしい。私は、『現代数学概説』（彌永昌吉・小平邦彦著）に「はまって」しまった。難し「そう」な本を読んでみる、と書いたがこの本は本当に難しい。密度がすごい。一頁読むのに何日もかかる。漢字も記号も難しい。今でも函数（関数のことである）と書かないと気分が出ないのはこの本の後遺症である。何度も前を読み返さないと証明が理解できない。が、つらいばかりではない。最初は全く理解できなかった内容が、繰り返し読んでいくうちに意味をなし、そのうち自然なものに見えてくる魅力が素晴らしかった。目隠しをして象の鼻や足や胴体を触っていた人が、目隠しを取って全体を見たときの「ああ、これだったのか！」と分かる感覚であろう。本の場合は目隠しを取ることはないが、繰り返し読んでいるうちに、その数学構造が自分の中にできて認識のどこかが変わっていくのであろう。九回読んで分からないところが、一〇回目に分かったりする。実に不思議なことである。

数学科は卒業したが、大学院は（コンピューターが面白くなってしまったので）情報科学科に進学したため、数学そのものを研究することはなかった。しかし、この本から学んだ数学的構造の構成仕方は、コンピューターで情報を扱うためのモデル作りのバックボーンとなった。モデルの形式的な定義は数学的構造の定義に他ならないからである。

もう一つこの本から学んだのは理解の仕方である。「旅人は持っていったものしか持って帰れない」という有名な諺がある。知識がないと、旅先で価値のあるものを見ても分からない、という意味である。本を読むときも、理解するための何かが自分の中にないと理解できないものである。そうなると、知っていることとしか理解できないことになってしまいそうであるが、そうではない。読んでいるうちに、理解するための何かが自分の中に少しずつできていくらしい。その何かが臨界点に達すると突如、理解できるようになるのである。開眼とでもいうのであろうか。このようにして最初は全く理解できないものも読み

山口 和紀（やまぐち かずのり）

こなせることをこの本から学んだ。これはその後、難解な論文を読みこなす上で大変役に立った。

読んですぐ理解できる本だけ読んでいると自分が変わらない。背伸びをしているうちに背が伸びたりするものである。少々背伸びをして自分の本を見つけようではないか。

（二〇〇四年九月一四日号）

〈執筆者紹介〉

一九八〇年理学系研究科退学。総合文化研究科助教授等を経て、二〇〇七年より現職。専門はデータモデル。主要著作に、『情報科学の基礎』（共編、昭晃堂、二〇〇六年）、『情報処理入門』（東京大学出版会、一九九四年）、『情報とコンピュータ』（共著、オーム社、二〇一一年）など。

48

この時代にこそ貪欲な読書を
『意思決定の基礎』
松原　望

（新版、朝倉書店、一九八五年）

増田直紀（情報理工学系研究科准教授）

安易に執筆を引き受けたが、いざ書こうとして困った。「自分の世界観に大きく影響した」ほどの一冊がないのだ。そこで、今でも強く印象に残る一冊、という位置づけで、大学一年生で読んだ本書を挙げる。

当時、駒場キャンパスの中で一番収容人数が多いと思われる九〇〇番教室で、統計の講義が、著者の松原先生によって行われた。一年生の夏学期一限だった。通学に二時間近くかけて朝九時前に駒場に着いたら、満杯で講義室に入れないこの不条理。入れたとしても、一対千である。九〇〇番教室には二階席まである。ここはコンサートホールか？　このありえなさ。授業に出なくなり試験だけ受けたことは言うまでもない（ただし、授業内容は

増田 直紀（ますだ なおき）

素晴らしかった）。

この授業の教科書だったわけではないが、そのような流れで一年生の後期くらいに本書を読んだ。統計学やゲーム理論を人間の意志決定に用いることの入門書と言えよう。本書の内容は、他の通読した本に比べてよく頭の中に残っている。

その例に、「聖ペテルブルグの逆説」がある。ある参加料を払って賭けに参加する。一回目でコインの表が出れば（その確率は二分の一）自分は二円を受け取る。二回目で初めて表が出れば（確率は四分の一）四円を受け取る。三回目で初めて表が出れば八円……というように賞金が決まる。すると、受け取る額の期待値は無限大なので、参加料がどんなに高くても賭けに参加すべきというのだ。しかし人間は、賭け金が一万円だったらこの賭けに参加しないだろう。金額が大きいと一円あたりの嬉しさが小さくなる、と仮定してこの逆説は説明される。

他の事例も含めて、「なるほど」を多く感じた本である。私の現在の研究分野は結局こういうことに近くて、人と人のつながりなどのネットワーク、一種のゲーム理論、その他の社会行動の数理、脳の理論である。

「数学が社会に生かされることに感動した」などという模範回答的な読後感は、正直持たなかった。楽しいから読めたのは確かだが、淡々と読んだ。その他の本も淡々と読んだ。

数物系（私は工学部計数工学科なので）に限らず、経済学、都市計画、心理学、語学などに特に興味があった。そうやって、浅い引き出しが色々増えたことは、自分の今の研究・生活スタイルに影響している。

現在の学生には、広くなろうという方向への貪欲さを感じないことが多い。理系の学生でも、学部から資格の勉強をする人も多くなった。最近の学生は、などと言うつもりは毛頭ない。学生の振る舞いは世相を映す鏡だ。余裕がない日本の現状や将来が透けて見える。

貪欲な読書は、年齢が上がるにつれて、時間または金銭的理由で難しくなっていく。資格をとって社会に出ても、大企業に就職しても、この先どうなるかわからない。そこで、あえて読書はどうですか。特に、さまざまな分野の入門的専門書や啓蒙書をむさぼり読むことを薦める。駒場生の皆さんは、そうできるだけのポテンシャルを備えている。

（二〇一二年二月七日号）

〈執筆者紹介〉

二〇〇二年工学系研究科博士課程修了。情報理工学系研究科講師等を経て、二〇〇八年より現職。専門はネットワーク科学・社会行動の数理モデル・計算脳科学。主要著作に、『なぜ3人いると噂が広まるのか』（日本経済新聞出版社、二〇一二年）、『私たちはどうつながっているのか』（中央公論新社、二〇〇七年）など。

49

オリジナリティーの源

『民藝四十年』

柳 宗悦

（岩波書店、一九八四年）

大武 美保子（千葉大学准教授）

大学二年生、二〇歳の時、日本民藝館のウェブサイトを作ろうと思い立った。講義の課題がきっかけで作り始め、他のことと並行しながら、一〇年間更新し続けた。ウェブサイトを作るために、本書をはじめ、雑誌民藝のバックナンバー、展覧会のカタログや案内、関係者の著作や評伝を読み漁った。民藝という概念を提唱し、日本民藝館を設立したのが、著者の柳宗悦である。まだ誰もがよいかどうか確信が持てない普段づかいのものの中にある美をいち早く発見し、様々な対象に没頭しながら徐々に概念を深め、価値観を社会の中に位置づけるところまで進める生き方に、強く共鳴した。

世の中にない新しいものが作り出せる学者になりたいと考えて理科I類に入学。しかし、どの学科に進学すれば新しいものが作れるのか分からず迷っていた駒場時代。二年生になり、ものを作ることに関わる知識を身につけようとシラバスを見ていて、有限設計ワークショップというタイトルを発見した。この講義は、概念を含めて新しいものごとを作る方法論を、体験を通じて身につけることを目指していて、まさに求めているものだった。そこでの最終課題が、創造的で協働的な環境を作ることである。ちょうどウェブが一般に普及する前夜で、何か新しいことができそうだが、何ができるか分からないと模索されている中、もともと好きだった美術館巡りが、これからはウェブ上でできるようになるのではないかと考え、それを自分で作って試したいと考えた。作るなら、一番好きな美術館を、と門を叩いたのが日本民藝館である。学芸員、職員の方の全面的なご協力を得て、制作させて頂いた。

三年生になり、一見民藝とは関係のない、機械情報工学科に進学した。これは、機械と電気と情報を幅広く学び、ソフトもハードも新しいものを作りたいと考えたからである。大学院ではゲルロボットという、全身が柔軟な人工筋肉素材でできた世界初の知能機械を作ることに挑戦した。一連の研究の成果は熟成期間を経て、*Electroactive Polymer Gel Robots* という本として二〇〇九年に出版された。大学院修了後は、研究テーマを知能機械としての人間のモデル化と応用という形で拡張し、今日に至っている。現在開発中の認

大武 美保子（おおたけ みほこ）

知活動支援手法、共想法は、自己の視点で切り取った視界を、画像で表現して持ち寄り、会話を通じて他者と共有する手法である。人間の認知機構に基づいて考案したものであるが、独自の視点へのこだわりの根底には柳の思想の影響があると、今改めて思う。

もし民藝という考え方や、柳宗悦の生き方に出会わなかったら、人と違う研究テーマや最初は周囲が賛同するとは限らない研究テーマに取り組めたかどうか、状況に応じて共通の考え方を持って一見異なる新しいテーマに取り組めたかどうか、分からない。そのような意味で、この本は、しがらみにとらわれず、もっとも大事であると考える研究を進めるよりどころになっている。

本書に興味を持った方は、駒場にある日本民藝館に足を運んで、それから手に取って欲しい。先入観にとらわれず、じかにものを見て考えることを、本書は説いているからである。

（二〇一〇年五月四日号）

〈執筆者紹介〉

二〇〇三年工学系研究科博士課程修了。博士（工学）。東京大学助教授等を経て、二〇一二年より現職。専門は知能機械学・人間情報学。主要著作に、『介護に役立つ共想法――認知症の予防と回復のための新しいコミュニケーション』（中央法規出版、二〇一二年）、*Electroactive Polymer Gel Robots : Modelling and Control of Articial Muscles*, Springer-Verlag, 2009 など。

Ⅱ 生活編

第六章　時代を映した

50

物語から伝わる時代の流れ

『魔の山』

トーマス・マン（高橋義孝訳）

（岩波書店、一九八八年）

玉井 哲雄（法政大学教授）

青春時代に読んだ本の多くは小説であり、またそのかなりの部分が翻訳小説だった。もちろん、漱石、鴎外を始めとする明治以降の日本の小説も多く読んだが、当時の一〇代、二〇代の人間は、おそらく現代の学生よりはるかに多く「世界文学」を読んでいたはずである。ここでいう世界文学とは、トルストイ、ドストエフスキー、スタンダール、バルザック、ロマン・ロラン、プルースト、トーマス・マン、ヘルマン・ヘッセなど一九世紀から二〇世紀にかけての、主として西欧文学の翻訳である。

当時は各出版社が競って世界文学全集を出していた。たとえば中央公論社の「世界の文学」は、一九六三年から一九六七年にかけて刊行された。これはちょうど筆者の高校から東京大学の駒場時代、つまりまさに青春を過ごした時期に重なる。それ以前から新潮社や河出書房などが、同じような翻訳全集を出しているが、これらは大正末から昭和にかけての「円本」の流れを汲むものである。つまり昭和四〇年代ぐらいまでは、大正以来の教養主義の流れが生きていた。その流れのせいかヨーロッパ文学が主だったが、その後、ラテンアメリカ、アジア、東欧などの翻訳も増えた。

現在、このような「世界文学全集」の出版は目立たないが、多くは文庫本で読めるはずだし、光文社がこのような「古典」の新訳を文庫本として出して話題になっているのを見ても、一定の需要はあるのだろう。

前置きが長くなったが、わが青春の一冊として挙げたいのは、トーマス・マン著、高橋義孝訳『魔の山』である。若き日にこれを読んで、とにかく圧倒された。ドイツの青年ハンス・カストルプが、いとこが結核療養をしているスイスのサナトリウムを訪ね、そこに自らも囚われの身となるとともに、謎めいた弁舌家のゼテムブリーニとか狂信的な思想家のレオ・ナフタとか、不思議なほどにハンスを魅了するショーシャ夫人とかに出会い、精神の彷徨を経験する。二〇世紀前半の結核は青春を襲う恐ろしい病気だったが、閉ざされたサナトリウムという日常社会とは隔絶された空間で、めくるめく体験をするのである。その舞台が、現在では世界経済フォーラムが年次総会を開くことで知られるダボスである

玉井 哲雄（たまい てつお）

のも、面白い。

今読み返してみると、改めて、ヨーロッパの超一級の知性のすごさを感じる。ゼテムブリーニの口を借りて、アジアの後進性がたびたび侮蔑され、現代の目から見るとすべてがヨーロッパ中心に考えられているという限界は明白だが、この強烈な物語展開と描写を前にすると、それらの限界はむしろ作者が意図的に企んだもののようにも思えてしまう。ただ、激しく対立するゼテムブリーニとナフタも、同じヨーロッパという土俵の上で戦っているという感は強い。

物語の最後ではハンス・カストルプが戦争に行くという劇的な場面転換が起こる。ここで読者は、ハンスがダボスに入ってから後、第一次世界大戦が勃発していたことを知る。ハンスの精神の彷徨も、二〇世紀のヨーロッパという時代の流れから孤立したものではなかったのである。

（二〇一〇年七月二七日号）

〈執筆者紹介〉

一九七二年工学系研究科修士課程修了。博士（工学）。筑波大学助教授等を経て、一九九四年より総合文化研究科教授。二〇一二年より現職。専門はソフトウェア工学。主要著作に、『ソフトウェア工学』（共著、NHK出版、二〇一三年）、『ソフトウェア社会のゆくえ』（岩波書店、二〇一二年）、『ソフトウェア工学の基礎』（岩波書店、二〇〇四年）など。

51 失われた輝きを求めて

『他人の顔』

安部公房

（新潮社、一九六八年）

金森　修（教育学研究科教授）

あまり本を読まない高校生だった。ところが、国語の授業で三島由紀夫の或る一節を読んだことから俄然興味をそそられ、何だか無性に小説を読みたくなった。そこで学校から帰るなり、母親に千円札を一枚もらって少し大きめの書店に自転車で駆けつけた。文庫本の表紙を小一時間ほどにらんだあと、ほとんど前提知識のないままに七冊の文庫本を買った（当時千円あれば、うまく選べばそのくらい買えた）。その中の一冊が、新潮文庫から出ていた安部公房の『他人の顔』だった。本自体は一九六四年に公刊されたが、文庫化が一九六八年。私が買いに行ったのが一九七一年頃だから、文庫化されて比較的間もない頃のことだ。

金森 修（かなもり おさむ）

まるで予備知識がなかった。どんな人なのかも、どんな作品なのかも。高校二年生にはなっていたはずだが、当時の私は乏しい読書経験しかもたない平凡な子どもだった。

『他人の顔』は或る科学者が仕事中の爆発事故で顔面に酷い傷を負い、それ以降、顔を包帯で巻いて暮らすという状態が基本設定の本だ。小説の内実は、その主人公が一念発起して特殊で精巧な仮面を作ろうとすること、その際、元の自分の顔に似せるのではなく、まるで似ていない〈他人の顔〉を作り上げ、事故後ほとんど絶えていた妻との夫婦生活の空虚を埋めるかのように、自分の妻を他人として誘惑することというストーリーからなっている。高校生が読むにしては主題がやや〈大人〉すぎたなどというつもりはない。若者は、その手の事には直観的な洞察を結構抱えているもので、テーマ全体がそこはかとない毒気を放つものなのにもかかわらず、充分興味をもって読み進めることができた。しかも、曲がりなりにも思春期の直中にあった私にとっては、顔を醜く破壊されるという、とても恐ろしく深刻な状況に置かれた主人公にも、それなりの感情移入をすることができた。それにこの小説の場合、特筆すべきなのは、語り全体の構造が極めて技巧的にできているということだ。それは一種の時間的円環構造を作り上げていた。最後まで通読したときには、その構造の複雑さに素直な驚きを覚えた。終盤で出てくる、顔に傷をもつ女性の悲しい逸話も心に残った。それをきっかけに安部の他の作品も手に取るようになり、特に初期の短篇群に魅了された。安部は、その文体と乾いた感覚ともども、若い私の〈神〉の一人になった。

だが、『他人の顔』以降の安部は、その後徐々に輝きを失ったと私は思う。アンチロマン的な手法の採用などという意味で、技巧的には一層研ぎ澄まされていった部分もあるのかもしれない。しかし主題自体の或る種の反復、そして作品自体の稠密さの一定の衰退が、ところどころに散見されるという印象があった。『方舟さくら丸』や『カンガルー・ノート』など、比較的晩年の長編も成人後、手にとってはみたが、若い頃に感じたような夢中な陶酔感は一度として訪れることはなかった。安部の訃報を聞いたとき、或る種の懐かしさはあったが、それ以上のものではなく、遠い思い出のような感じがした。安部には、若さ、そして戦後の混乱期という時代背景が本質的に必要だったのだと私は思う。若さがなくなり、社会でも普通の日常性が蔓延し、陳腐化していくとき、どこかリアリズムからは離れた地点の設計を本領とする彼の世界は、〈日常からの乖離〉という緊張の根拠を失い、徐々に自壊的なループにはまりこんでいったのだろう。彼自身が高名な世界的作家として、経済的にも安定していくにつれ、若い頃にはまだ存在していた一種の飢餓感のようなものも、徐々に消えていったのかもしれない。自らの、だけではなく、敗戦後の日本が否応なく抱えていた飢餓感や焦燥感のようなものは、日常世界を離脱せしめるだけの鋭角性として働

金森 修（かなもり おさむ）

いていたはずだ。ともあれ現在、私は彼の全集をもっている。ときどき公刊される彼を取り上げた研究書も、気がつけば買い求めるようにしている。なかなか時間が見つけられず、系統的な再読はしていない。でも、若い頃数年間魅了されたあの世界に戻ってみたい。そこには、全集に時々目をやっては、また集中的に読み込む日が来るのを楽しみにしている私がいる。後期の安部はそれほど好きではない。しかしやはり、彼は全体として、私にとって独自の言語世界を作り上げた模範的先人の一人であり続けているのだ。

（二〇一〇年四月二七日号）

〈執筆者紹介〉

一九八六年人文科学研究科（当時）博士課程単位取得満期退学。筑波大学助教授等を経て、二〇〇二年より現職。専門はフランス哲学・科学思想史。主要著作に、『〈生政治〉の哲学』（ミネルヴァ書房、二〇一〇年）、『ゴーレムの生命線』（平凡社、二〇一〇年）、『動物に魂はあるのか』（中央公論新社、二〇一二年）など。

52

歴史とらえようとする壮大な意志

『資本論』

カール・マルクス

（河出書房、一九六四年）

近藤 和彦（立正大学教授）

初めて買ったのは河出書房「世界の大思想」版。そのころよくそうしたように、巻末にインクで一九六六年五月一二日という日付をドイツ語で記してある。大学に入って間もなくの土曜日、小石川辺りを散歩していて河出書房の倉庫に遭遇し、おじさんに交渉して二割引きで買った。余分な持ち合わせはなかったし、第一巻だけで良いことにした。定価は六三〇円、端数は切り捨てて五〇〇円ちょうどにしてくれた。国立大学の授業料が月に一〇〇〇円の時代で「もうかった」という感覚があった。

奥付には、昭和三九年一〇月初版、昭和四一年四月九版と記されている。『資本論』が一年半で九度も増刷した時代だったのだ。他に三つの出版社から別の翻訳が刊行されてい

近藤 和彦（こんどう かずひこ）

たにもかかわらず、である。私自身、後に青木文庫版、岩波文庫版、国民文庫版、そしてドイツのディーツ版を買い足すことになった。

今この河出書房版を見返すと、あまり書き込みは多くない。小さな活字の二段組で、読んでいてはかどらないし、そもそも一人で読んでも歯が立たなかった。読めるようになるのは、駒場で社会思想史の城塚登、社会学の折原浩といった先生方の『ドイツ・イデオロギー』『経済学・哲学草稿』などに立ち入った授業が続き、受苦と愛を論じる青年マルクスに引きつけられてからであった。

「資本主義社会における富は膨大な商品の塊として現象する……だから商品の分析から研究を始めよう」というテーゼから始まっているのだが、『資本論』にも実存的な省察の名残りは認められた。「人間は我は我なりというフィヒテ的哲学者として生まれてくるのではないから、まず他者という鏡に自分を映してみる。人間ペテロは自分と同等な人間パウロに関係することによって初めて人間としての自分自身に関係する。だが、そのことによって、ペテロにとってパウロ全体が、そのパウロの肉体のままで人類の具体的現象形態としての意味を持つ」。

キリストの使徒二人の名だが、ほとんど恋愛の本質が示唆されているような気がして、ラブレターにそのまま引用したこともある。

すでに高度成長期をへて「失いたくない何か」を持つ、無産者ではない学生だったので、資本主義社会の運動法則とか、共産主義というだけで心を動かされたわけではない。マルクス主義の教典というより、むしろ、個人と個人の関係も含めて、言葉や物がやりとりされ、生産される世の中の不思議を解き明かす書物として受けとめた。アリストテレスから近代の植民史まで、森羅万象をわがものとしようとする、壮大な意志に感銘したのだ。

後で認識することだが、その意志が前提にしていたのは一九世紀の知であり、二〇世紀後半の現実はそこからはみ出していた。『資本論』を私は近代知への総合案内（導師）として受けとめ、しがみつき、吸収し、やがて離れた。博覧強記だが、他者に非寛容で、権威主義的なマルクスとエンゲルスの言動も、知るにつれ、距離感がました。今私が大学一年生だったら、別の書物にしがみつくのだろうか。

（二〇〇八年八月五日号）

〈執筆者紹介〉

一九七四年人文科学研究科（当時）博士課程中途退学。名古屋大学助教授等を経て、一九八八年より文学部助教授、一九九五年より人文社会系研究科教授。二〇一二年より現職。専門はイギリス史。主要著作に、『民のモラル』（山川出版社、一九九三年）、『文明の表象　英国』（山川出版社、一九九八年）、『イギリス史研究入門』（山川出版社、二〇一〇年）など。

53

揺るがない既存の体制崩壊への目覚めと確信

『世界をゆるがした十日間（上・下）』

ジョン・リード（原光雄訳）

（岩波書店、一九五七年）

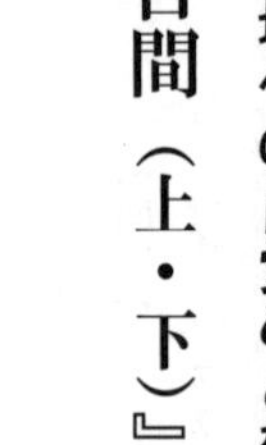

橘川 武郎（一橋大学教授）

この本を読んだのは、いつのことだっただろうか。高校に入った頃だったと記憶しているが、定かではない。しかし、一九一七年のロシア革命を現場のペトログラード（のちのレニングラード、現在のサンクトペテルブルグ）で目撃したアメリカ人ジャーナリスト、ジョン・リードが書き記した迫真のルポルタージュを一気に読み進むうちに、夜が白々と明けたことだけは、はっきりと覚えている。

二〇世紀とはいかなる世紀だったのか。いろいろな特徴づけが可能であろうが、二〇世紀に固有の社会現象に注目すれば、「社会主義の世紀」だったと言ってもそれほど的外れではあるまい。周知の通り、ロシア革命は社会主義の幕開けを告げる出来事であったが、それを目の当たりにしたジャーナリストの興奮が、この本からはひしひしと伝わってくる。そして、その興奮は、たちまち読者にも伝播するのである。

このコラムを執筆するにあたって東京大学新聞編集部から依頼された内容の中には、この本を読む前はどのような学生で、授業にはどれくらい出席していたか、とか、読んでからは、考えや生活にどのような変化が生まれたか、などといったものが含まれていた。さて、困った。この本を読み、その前後から、マルクス、エンゲルス、レーニンの本を読みあさるようになったためか、大学に入ってからは、ほとんど授業に出なくなったからである。

大学に入学した一九七〇年には東大闘争は終わっていたが、ベトナム戦争は激しさを増しており、沖縄もまだ日本に返還されていなかった。高校一年生の時から始めた学生運動に一〇年ほどのめり込むことになり、本郷進学後も、運動の主戦場であった駒場に泊り込む日々が続いたのである。

その政治活動から足を洗って、企業に就職するわけにもゆかず、消去法のような形で学者の道に転がりこんでから、だいぶ月日がたった。二二年前には、ロシア革命によって誕生したソビエト連邦が崩壊するニュースにも接した。そして、そのニュースに対しても興奮する自分がいた。

今考えれば、『世界をゆるがした十日間』を読んだとき感じた興奮は、社会主義体制が新たにできあがったことへの「構築の興奮」ではなく、帝政ロシアが消滅したことへの「崩壊の興奮」だったのであろう。ソ連邦の崩壊にも興奮したことが、その証左と言える。六〇代になると、若いころ得た感動を、このようにつまらない形で相対化することになる。しかし、それでも、力をふりしぼって言うと、『世界をゆるがした十日間』が与えた興奮は、自分の中にまだ何がしかの芯となって残っているようにも思われる。揺るがないようにみえる既存の体制も一挙に変わることがある、いや、変えることができる……このような確信が、その「芯」の中身である。

経営史とエネルギー経済論を専攻する一研究者として、三・一一後の新局面で日本のエネルギー産業の改革に多少なりとも貢献したい……そう考える今日このごろである。『青春の一冊』というコラムを借りて、自分の人生を正直に吐露してしまった。

（二〇〇五年七月五日号）

橘川 武郎（きっかわ たけお）

〈執筆者紹介〉

一九八三年経済学研究科博士課程単位取得退学。博士（経済学）。青山学院大学助教授等を経て、一九九六年より社会科学研究所教授。二〇〇七年より現職。専門は日本経営史・エネルギー産業論。主要著作に、『日本電力業発展のダイナミズム』（名古屋大学出版会、二〇〇四年）、『電力改革』（講談社、二〇一二年）など。

54

創造力と「行動力」こそ若者の強み

『チボー家の人々』

ロジェ・マルタン・デュ・ガール（山内義雄訳）

（新潮社、一九六〇年）

江里口 良治（総合文化研究科教授）

一九六八年一月。私は大学入試を目前にして、受験勉強の妨げとなるテレビや新聞を遠ざける「努力」をしていた。それでも、佐世保での空母エンタープライズをめぐる動きまでは遮断できなかった。同年四月。入学式の最中の安田講堂の中で、周囲をデモする医学部学生のシュプレヒコールを聞いていた。同年六月。学生の安田講堂占拠を「解除」するため機動隊が導入され、それをきっかけとして、教養学部を含む多数の学部で学生ストライキが始まった。ほぼ同時期の五月、パリでは学生による「五月革命」が起こった。八月にはワルシャワ条約機構軍がチェコスロバキアに侵攻し「プラハの春」が押し潰された。アメリカではベトナム戦争に反対する学生の激しい闘争が起こっていた。

江里口 良治（えりぐち よしはる）

「スチューデント・パワー」が世界的広がりで同時期に燃え上がった背後に、直接的にはベトナム戦争があり、間接的には第二次世界大戦に否応なく「巻き込まれた世代」から生まれた子どもたちが、多感な学生時代の真っただ中にいたという事実があった。社会的なしがらみに囚われることなく、社会的不正や悪に対する純粋な反感を持つことが当然であり、そのような意識を待てないことを「恥」であると感じるのが普通の大学生であった。そうした世代が、第二次世界大戦を様々な形で経験した両親世代の影響のもと、社会的にも戦後の貧しい時代に生きることで、他の世代に比べ、社会的な問題に対して強い関心を持ち、行動に駆られたのではないかと思う。

一九一四年夏。ジャック・チボーは予感される戦争に対し、軽飛行機から反戦ビラを撒く計画を実行しようとするが、飛行機は墜落してしまう。これは『チボー家の人々』という小説の中の話であり、フィクションである。しかし、作者のマルタン・デュ・ガールは、第一次世界大戦を自ら戦場で経験し、一九二〇年から一九三九年に至る「間戦争期」というべき時代に、第一次世界大戦に至る時期のフランスの一家族の生活を語ることで、個人を越えた社会の動き、日常の向こうにありながら日常に強い影響を及ぼす世界情勢を、悲しみを持って描いている。

「時代」というものは一人ひとりの個人が集まることから醸成されるものでありながら、

逆に個人の生活に多大の影響を与える。今現在、世界の文明の発祥地メソポタミヤで、あるいは世界の宗教の発祥の地であるパレスチナで、そしてその他の地域で、多くの人々が苦難の生活をせざるを得ない事実がある。個人の日常生活は狭い範囲に限られがちであるが、世界に開かれた想像力とそこから帰結する「行動」こそが若者の発揮できる最大の強みではないだろうか。

『チボー家の人々』は戦争を背景にした大作であるが、同時に、ジャックとジェンニーの恋愛をもう一つの主題とした若者の文学でもある。ジャックの青春を中心にして短縮されたものが『チボー家のジャック』であり、『チボー家の人々』を読む女子高校生の物語が『黄色い人』という漫画にもなっている。関心のある方は、このあたりから「チボー家」の一族に親しむのもよいと思う。

（二〇〇六年四月一一日号）

〈執筆者紹介〉

一九七八年理学系研究科博士課程修了。マックス・プランク天体物理学研究所研究員等を経て、一九九四年より現職。専門は天体物理学。主要著作に、『宇宙の科学』（東京大学出版会、一九九四年）、『時空のゆがみとブラックホール』（講談社、二〇一二年）、『いまこそ相対性理論』（丸善、一九九一年）など。

55

激動する社会に向き合う

『アウトサイダー』

コリン・ウィルソン（福田恆存＝中村保男訳）

（紀伊國屋書店、一九七五年）

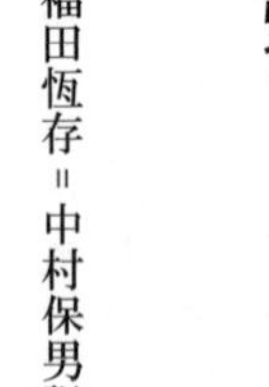

五十嵐 武士（桜美林大学教授）

どれか一冊と言われると、正直なところ選ぶのがなかなか難しい。大学に入ったら読みたいと思っていた本がたくさんあったので、一年生のときはロシア文学や実存主義文学を、それこそ手当たり次第むさぼるように読んだ。その中でもコリン・ウィルソンの『アウトサイダー』が、一番分かりやすかったような気がする。この本は実存的な危機をテーマにしており、ニーチェやドストエフスキーなど著名な作家の作品を取り上げて解説しているので、実存的な危機とは何かがよく分かった。要は自ら生きている社会に疎外感を抱き、社会に押しつぶされそうな精神的苦悩を味わいながら、それをいかに受け止めて生き、あるいは打ちのめされていったのかを探求している。

筆者が同じように実存的危機に直面していたなどと、大それたことを考えていたわけではない。入学が東京オリンピックの翌年とはいえ、敗戦の余燼《よじん》がまだ残っていた時代に育ち、中学を卒業するとすぐ就職する級友も少なくなかった。そんな中で、二度と亡国の憂き目に遭ってはならず、日本の社会をもっと良いものにしなければならないという気持ちを強く抱いていた。つまり、現実をありのままに受け入れるのではなく、違和感を持ち改革を目指す気持ちが、実存的危機の解説に引かれたのだと思う。「自由からの逃走」とも言われたように、自主的な決定には責任と一抹の不安が伴うものである。

大学に入ったのは、アメリカが当時の北ベトナムに爆撃を開始した年だった。入学すると直ちにベトナム戦争反対のクラス決議をして新聞社に投書したが、幸い朝日と読売が両方とも投書欄に掲載してくれた。中学時代の一九六〇年に日米安保条約の改定があり、アメリカが日本の運命に重くのしかかっているのを感じるようになっていた(筆者の研究では、『戦後日米関係の形成』参照)。ベトナム戦争は、筆者のアメリカに対する、そうした「実存的な違和感」をさらに深めたのである。ウィルソンの実存的危機の解説は、筆者の違和感を思想的なレベルに昇華させる足掛かりになったのではないかと考えている。

卒業後アメリカの政治や外交の研究を志して四〇年近く研究してきたのも、そのような違和感に突き動かされてきたからである。長年の研究のせいで、個人的にはアメリカ人で

五十嵐 武士（いがらし たけし）

も日本人以上に気の置けない友人が少なくなく、決して反米というわけでない。むしろ日本の社会や世界情勢の動向を見極めるためにも、アメリカの研究は不可欠だと思っており、グローバル化が急速に進展する現在、その感をますます深めている（『グローバル化とアメリカの覇権』参照）。私の読書はそちらの方が主であり、ラインハルト・ベンディックス著『マックス・ウェーバー』は最良の出発点だった（この研究成果は『アメリカとフランスの革命』（中央公論新社、二〇〇八年）となった）。

料理もアルコールも舌が良くなければおいしさが分からない。知識の世界も踏み込めば踏み込むほど、奥行きが広がり、また深くもなる。そのためには読解力を磨かねばならないが、秘訣《ひけつ》は水準の高い書物を、時間をかけてじっくり読み抜く習慣を身に付けることだろう。

（二〇〇八年九月二日号）

〈執筆者紹介〉

一九六九年法学部卒業。法学部助教授等を経て、一九八五年より法学部教授（一九九一年より法学政治学研究科教授）。二〇〇九年より現職。専門は比較政治・アメリカ政治外交史。目下、グローバル・ガヴァナンスを研究中。主要著作に、『グローバル化とアメリカの覇権』（岩波書店、二〇一〇年）、『戦後日米関係の形成』（講談社、一九九五年）など。

56

絶対の「正義」を批判する「寛容」

『正義とは何か』

ハンス・ケルゼン（長尾龍一他訳）

（木鐸社、一九七五年）

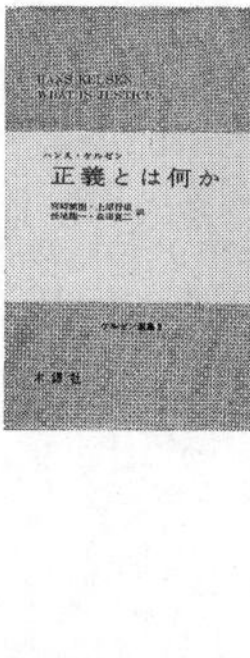

玉井克哉（先端科学技術研究センター教授）

絶対に正しい価値判断などない。正義が何であるかは判断する人によって異なり、その間に優劣はない。正義とは、主観的なものである。いかに客観的に正しいように見える信念であっても、しょせんそれは、「私の」正義に過ぎない。あえて単純化すれば、本書の主張はそのように要約される。しかしその意味は大きい。私の信念、私の価値判断に、他者より優先される理由はまったくない。そう考えることこそ、民主政の本質である。意見を異にする者への寛容のモラルがそこから生まれ、思想の自由を尊重することになるからである。神ならぬ有限の存在であるわが身、その能力の限界を虚心に踏まえるところに、相互の自由を尊重する民主主義体制が、基礎を置いている。

玉井 克哉（たまい かつや）

このようなことを、口にするのはたやすい。だがケルゼンの言は、単なる口先だけの信仰告白ではなく、筋金入りのものである。ウィーン大学教授、オーストリア憲法裁判所裁判官、ケルン大学法学部長などを歴任した身でありながら、五二歳でナチによりドイツの大学を逐《お》われ、五八歳にしてアメリカへの亡命を余儀なくされた。それでも彼は、自説を変えなかった。民主政を破壊する思想にも、われわれは寛容でなければならない。そのように説き続けた。絶対の正義が存在しないとすれば、ナチの言説も絶対の不正ではないことになる。単にユダヤの出自だというだけで公職を逐われ、老いた身の一切の栄光を剥奪され、定職もなく言葉もおぼつかぬ異国に逐われたケルゼン。そうした経験を持つ彼には、ナチの悪行を憎む資格が十分以上に備わっていたし、実際にも激しく憎んでいたであろう。しかし、それもまた「私の」正義に過ぎず、「客観的に正しい」わけではない。苛烈な体験を経てもなお言説を変えなかったところに、思想家としての彼の真価が表れている。

本書原著がアメリカで出版された一九五二年、ソ連や中国の共産主義は、自由と民主主義に対する、深刻な脅威だった。マッカーシズムの渦中では、共産主義反対のイデオロギーに絶対の正しさを認める言説の方が「受ける」ことは明らかだったろう。だが、そのような社会的風潮に迎合することなど、ケルゼンは考えもしなかったに違いない。時局におもねって獲物を求めるような輩と、彼は正反対の生き方をした。まことに彼は、ひたすら寛容の理念——それは学問そのものの理念でもある——に忠実に生きた、学究であった。

筆者が入学した一九七九年は、東西冷戦の最中だった。平和主義や民主主義といった「大きな物語」はまだまだ魅力的であり、本学でも、共産主義の理想を説く教授は多かった。反公害運動や反核運動といった、より身近なバージョンもあった。そのいずれかに身を投ずる選択をした者は、どこか誇らしげに見えた。だがそこにはうさんくさいものも感じられた。そして筆者には、そのうさんくささの正体を示したのが本書であり、同じシリーズの『デモクラシー論』であり、『自然法論と法実証主義』であり、そして戦前すでに訳されていた『純粋法学』（横田喜三郎訳、岩波書店、一九三五年）であると思われた。口先だけの信念が幅を利かせ、思想が取替えのきく衣裳のように扱われ、「正義」を誇称する激情的な言説が横行する時代、同様の思いは多くの知識人に共通していたのだろう。一九七三年、彼が九一歳で長逝したのを期に企画された『ハンス・ケルゼン』（鵜飼信成＝長尾龍一編、東京大学出版会、一九七四年）には、含蓄深い文章が数多く寄せられている。

思想史的には、民主政を基礎づける上でのケルゼンの流儀は、本流ではない。絶対の真理を「民意」が認識しうるとするルソーの流儀が、むしろ普通である。ケルゼンのように勁烈《けいれつ》な信念の持ち主でなければ貫徹できない寛容の徳を果たしてわれわれ凡夫が身に着けられるのかという、実際上の問題もある。それに、思想家の真価と思想の価値は、必ずしも一致するものではない。自然法論批判についても民主制論についても、今日の筆者には、ケルゼンの考えが一から十まで正しいとは思えない。しかし、「大きな物語」の多くが破綻しても、数々の怪しげな「正義」が横行するのは、人間社会通有の現象のようである。その原理的な批判者としてのケルゼンの著作には、不朽の価値があると思われる。

（二〇〇七年六月一九日号）

玉井 克哉（たまい かつや）

〈執筆者紹介〉

一九八三年法学部卒業。法学部助手、学習院大学法学部助教授、法学部助教授を経て、一九九七年より現職。専門は知的財産法・行政法。主要著作に、「ドイツ法治国思想の歴史的構造」国家学会雑誌一〇三巻、一〇四巻、「特権許与から行政行為への史的発展――ドイツ特許制度成立過程の一断面」塩野先生古稀祝賀『行政法の発展と変革（上）』など。

第七章　生きる糧となった

57

満たされない大学生活に興奮を

『ユダの窓』

カーター・ディクスン（砧一郎訳）

（早川書房、一九七八年）

石浦 章一（総合文化研究科教授）

私が高校を卒業して受験しようとした年だけ、東京大学は入試をやめた。実力がなかった私は、自宅でどこへ行くあてもなく、ただ時が過ぎるのを待つしかなかった。テレビでは学生運動がどうとか騒いでいたが、全く他人事だった。時間だけが余っていたので、高校のときにはやっていた推理小説を読み直そうと、伯父の持っていた日本近代文学全集の中の推理ものを読破したのも懐かしい思い出である。当時は、外国ものではエラリー・クイーンの全盛期だったが、ミステリーマガジンなどを読んでいると、ディクスン・カーが別名で書いたこの密室推理小説が、どの人が選んだベストテンにも入っていて、しかも翻訳されていない（正確には早川ミステリ文庫で出てはいたが、絶版で、古書店でも入手できない）

という状況にあった。読者欄でも、持っている人を探す一行広告が、よく出ていた。どうしても読みたいと思っているうちに、私は大学生になっていた。

しかし大学は正常に授業できる状態になかったので、友人と神田の古書店めぐりが続いた。推理小説以外に別にあてはなかったのだが、解析概論やファインマン物理学などの厚い本も見栄で買った。あの頃は、絶版本を安く入手することを競うのがはやっていた。

そのような状態であるから、理科I類での実験実習が出席不足で可だった。確か吉岡甲子郎先生に不可をくらい、研究室にまで行った覚えがある。小田島雄志先生の劇をジャンジャンに何度も見に行った。クラブ活動の経験は全くない。ガールフレンドもいなかった。入学式や卒業式にも出たことはなかった。まして一、二年生のクラスの同級生が誰だったかなど、ほとんど覚えていない。

そういう時代だった。

「ユダの窓」の内容は、完全に鍵のかかった密室で死体と共に発見されるという絶体絶命の状態に、どうする？　という話である。今になって考えると、どうという内容ではないのだが、当時は興奮して読みきった。ベストテンの評にはドキドキするほどの前置きが書いてあり、しかもその解答が隠してあったものだから、期待が大きかったのだろう。あの珍しかった本をどうして入手したかは覚えてないのだが、二冊持っている人に会いに行ったような気もする。大学時代の自分をほろ苦く思い出すのは、今も本屋の推理小説の棚を見るときである。

本というのは、その時の精神状態に何か足りないものがあるとき、それを埋め尽くしてくれるものなのだろう。大学院に入ってようやく自分の進む道が見えてきた。推理小説集めは二〇代でやめた。ほぼ全部集めた（邦訳がないものはペンギンで）カーター・ディクスンは、今はひっそりと実家の片隅に眠っているはずだ。

（二〇〇五年四月一九日号）

石浦 章一（いしうら しょういち）

〈執筆者紹介〉

一九七九年理学系研究科博士課程修了。博士（理学）。分子細胞生物学研究所等を経て、一九九八年より現職。専門は分子認知科学。主要著作に、『遺伝子が明かす脳と心のからくり』（羊土社、二〇〇四年）、『脳 ― 分子・遺伝子・生理』（共著、裳華房、二〇一一年）、『最新遺伝子でわかった病気にならない人の習慣』（青春出版社、二〇一二年）など。

58

しびれるような読後感にため息

『南回帰線』

ヘンリー・ミラー（河野一郎訳）

（講談社、二〇〇一年）

金森 修（教育学研究科教授）

知識がなく、なによりも人生経験がなく、オドオドとした内面を、装甲するような不器用な外面で飾り立てていたあの頃。生活はしゃちほこばったような躓きと苛立ちに引きずられ、「楽しい」という言葉など、どこかに忘れ去っていた。しかも、受験勉強を受動的にこなすというそれまでの勉強法は、大学では全く通用しないということが分かった。知識の大海にほとんど闇雲に自ら乗り出さねばならないという内的な要請は、無知で愚かな私にはあまりに重い桎梏だった。そんな私にとって、高校から大学にかけて、懐かしく思い出されるのがヘンリー・ミラーの『南回帰線』だ。南回帰線という言葉の意味さえ朧気にしか理解していなかったが、ふとしたことで興味をそそられ、手に取ってみた。章立てもなく、粗筋もはっきりしないようなその本。成功者にはむかむかする、とか、神と対面したら唾をかけてやる、とか、ずいぶん攻撃的な言葉で始まるその本に、私は、とにかく何か内側からあふれ出るようなものを感じとった。そしてそれは、硬化した私の外的生活をちょうど補塡してくれるかのような流麗さと饒舌さをもっていた。どこに連れて行かれるのかが分からなくなるような、ほとんど冗長な饒舌さだ。ミラーはアメリカ人だが、長くパリに逗留していた。それも、ほとんど放浪生活のような感じのもので、空腹を満たすためにゴミ箱をあさるようなこともあったらしい。だが、そんな風来坊的な生活は、まだ「生活」という言葉の本当の意味を理解していない未熟な若者にとっては、とにかく魅力的だった。それにこの人は、権力とか名声とか、その種のものにはあまり気遣いをしないまま、極貧を楽しんでいるという風情があり、それもまた、若者の平凡な反応として、何かしら格好のいいものに思えた。とにかく通読してみると、やや曖昧に、しかし間違いようもなく語られる性描写にはどぎまぎした。自分自身の内面に一定のバランスを与えるだけで精一杯だった私に、女性に近づこうとする余裕などあるはずはなかった。しかし、その内に、ミラー独特のリズムに乗せられてしまうような感じがして、頁をめくる手は徐々に早くなった。シュールレアリスムとか、ベルクソンの『創造的進化』とか、その後別の文脈で勉強し直すことになるそれらの知的構築物にも、ミラーはさりげなく触れていたが、

金森 修（かなもり おさむ）

当時は何気なく読み飛ばしていた私にも、それらの名前は心の隅に残り、いつかは挑戦すべき対象として定位されていった。そんな風にして、二〇世紀初頭のヨーロッパ文化の華に、私は知らず知らずに惹きつけられていた。異国での極貧の放浪と、運命を揺さぶるような女性との出会い。残念ながら、私の実生活にはそれほどドラマチックなことは何もなかったが、その大枠の主題そのものというよりも、あちこちにぶれながらゆっくりと進む語り口がとにかく快かった。そして最後の盛り上がり。「お前の子宮を私の部屋の壁に貼り付けておいてくれ」というような、字義通りには無意味な言葉も、私を強く深く揺さぶり、最後の一行を読み終えたときには大きなため息をついた。それは、しびれるような読後感だった。その後、しばらくしてから原書を手に入れ、翻訳と照らし合わせながら三分の二ほどを通読した。引っ越しを繰り返す中でその本はどこかにいってしまったが、それは、私が英語の本をとにかく通読しようとした、ほぼ最初の経験だった。

その後の私は、二〇代後半の四年半ほど、やはりパリで生活することになる。ミラーほどの文才も気概もなかったが、極貧の生活という意味では似たようなものだった。何もミラーと自分を重ね合わせるほどの自惚れはない。だが、やはり自由で気ままな生活だった。『南回帰線』は、どこか根源の所で私的な世界を大切にするという風情がある。自由に生きるということは、この世界では実は難しいものなのだということを、その後の私は身にしみて実感することになるが、ともあれ、「自由であれ」という内的な命令に、結局は従おうとして、いままで生きてきたような気がする。いまでも、権力追求に目の色を変える人間を、私は好まない。二年ほど前、私は再び原書を注文した。それは、私の書棚できちんと正座したまま、ときどき私が手に取るのを待っている。

（二〇〇六年五月二日号）

金森 修（かなもり おさむ）

〈執筆者紹介〉

一九八六年人文科学研究科（当時）博士課程単位取得満期退学。筑波大学助教授等を経て、二〇〇二年より現職。専門はフランス哲学・科学思想史。主要著作に、『〈生政治〉の哲学』（ミネルヴァ書房、二〇一〇年）、『ゴーレムの生命線』（平凡社、二〇一〇年）、『動物に魂はあるのか』（中央公論新社、二〇一二年）など。

59

大人になれない自分を見つめる

『未成年』

ドストエフスキー（工藤精一郎訳）

（新潮社、一九六九年）

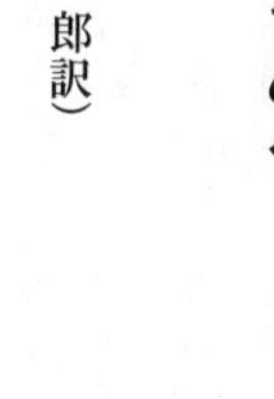

沼野 充義（人文社会系研究科教授）

今では本を読むことだけが仕事みたいになってしまったが、学生時代に様々な本を濫読したかといえば、そうでもない。自由な時間がたくさんあったあの頃に、もっとたくさん本を読んでおけばよかったと悔やまれる。そんなわけで「青春の一冊」と言われても、改めて考えてみると、「この一冊」と言う程のものはなかったような気がする。意外なことに、授業の教科書として読んだものの中に、村上陽一郎『近代科学と聖俗革命』（最近紀伊国屋書店から復刻された名著）、アレキシス・カレル『人間この未知なるもの』、マルクス『経済学・哲学草稿』などけっこう面白いものがあったし、実は小田実『状況から』と大江健三郎『状況へ』の二冊（共に岩波書店）を合わせて論じた書評を『東京大学新聞』に寄稿したこともあるのだが、全般にかなり散漫な読み方だったと思う。

だから青春の読書といっても、あまり輝かしいものではなかった。植草甚一の雑文の類を読み散らかしながら、自分はこんな風な趣味的な生き方はできないだろうなと漠然と思いつつ、その一方で、毎日決まった時刻に出勤して決まった仕事をこなす普通のサラリーマンや役人には到底なれないことも分かっていて、さてこれから先、どうやって生きていけるだろう、とぼんやりとした不安に苛まれていた。

恐らく大人に対する漠然とした反発と、大人になりきれない自分に対する不安の間で揺れていたのだろう。教養学部教養学科の卒業論文のテーマに、ドストエフスキーの長編の中で一番読まれておらず、失敗作と見なされることさえある『未成年』を選んだのも、メジャーなものを避けあえてマイナーなものを選ぶという性癖ゆえというよりは、恐らく単に自分の心の状態を反映してのことだった。

『未成年』は錯綜した分かりにくい小説であり、卒論でかなり詳しく論じたにも関わらず、今となってはそのあらすじを正確に思い出すこともできないが、一つ確かなのは、もう大人と言ってもいい年頃なのに大人になりきれない「未成年」アルカージイの生成途上の魂の物語だということである。卒論では、サリンジャーの『ライ麦畑でつかまえて』の主人公ホールデンと比較して、どちらも半分は大人なのだが、まだ半分は子供という二重性の

沼野 充義（ぬまの みつよし）

刻印を押されていることを指摘した記憶がある。

これを書いたとき、ドストエフスキーはすでに五〇歳を越えた大家だったのに、よくこれほどみずみずしい未成年の心にわけいることができたものだと不思議に思ったものだが、そのときのドストエフスキーの年齢に近づいている（年齢だけだが）今の自分にはその秘密が少し分かるような気がする。恐らくドストエフスキー自身も大人になりきれない自分を、いつまでも心の奥に抱え込んでいたのではないだろうか。白状すると、私もまた、東大の「教授」などという偉そうなものになった今でも、自分が大人だとはいまだに信じられないのだ。

〈執筆者紹介〉

一九八五年人文科学研究科博士課程単位取得満期退学、同年ハーバード大学大学院博士課程単位取得・博士論文提出資格取得。教養学部助教授等を経て、二〇〇四年より現職。専門は現代文芸論、ロシア文学・ポーランド文学。主要著作に、『世界は文学でできている』（編、光文社、二〇一二年）、『ユーラシア世界（全五巻）』（共編、東京大学出版会、二〇一二年）。

60

小説の良し悪しを判断するめやす

『感情教育（上・中・下）』

フローベール（生島遼一訳）

（岩波文庫、一九五〇年）

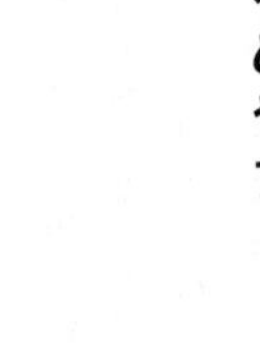

菅原 克也（総合文化研究科教授）

実は、よく覚えていない。

大学生活のなかで一番印象に残るのが、本郷で過ごした二年間、ではなく三年間だったことは間違いないのだが、そのときどんなことがあったのか、実はよく覚えていない。父が病気をしたり、好きな人がいたり、うまく本郷まで通えなかったり、それでも友達とはつながっていたりという、大体のありさまは思い出せるのだが、覚えている、という感覚がわいてこない。比較的よく授業に出席していた時期と、電車に乗るのもしんどくて本郷までたどり着けなかった時期と、留年を決めて、なるべく知り合いがいそうにない印度哲学とかの講義を、一番後ろの席でボンヤリ聞いていたりした時期が、みんな一緒くたになって区別できないのである。

それから、私の人生を決めた一冊の本、というような本も、たぶんない。今は大学で教える身だから、教師としての配慮から、何かそのような一冊、読んでためになりそうな一冊を選び出すことはもちろんできるけれど、そんなことを書けば、どうしても妙なフィクションをこねあげることになる。

電車に乗って本郷まで行くのがしんどかった時期、というより、自分の部屋を一歩出るのもしんどかった時期は、かなり長く続いたように思う。何をしていたかと言えば、とにかく本のなかに逃げ込んでいた。それなりに「硬い本」も読んだように思うが、やはり小説のたぐいがほとんどだったはずである。現実の世界がしんどいので、本の世界のなかでようやく息をしていた。ある女流作家が「小説を読んでいれば生きていられる」というようなことを書いていた。まさにそんな状態だったのだと思う。

だから、ずいぶん小説は読んだはずである。ところが今となっては、この本郷の三年間に読んだ小説と、それ以前それ以後に読んだ小説が、あまり区別できない。

現在、駒場で英語を教えている私ではあるが、学部のころはフランス文学科の学生だった。教室に出るのはしんどいものの、それなりにまじめではあったので、あるとき、文学批評を読むうちに気になったフローベールという作家を、とにかくフランス語で読もうと

『感情教育（上・中・下）』

思い立った。辞書と翻訳をたよりに、『ボヴァリー夫人』と『感情教育』を、少しずつ読んでいった。結局、二冊読み通すのに一年半はかかったように思う。卒業論文は、一冊目の『ボヴァリー夫人』について、二週間ぐらいで書いた。

ただし、好きだったのは『感情教育』の方である。ずいぶん長く付き合ったし、ほんとうに好きになった小説だったから、これが私の「青春の一冊」かもしれない。そして、文学というもの、小説というものの良し悪しを判断する、一つの目安のごときものを提供してくれているのが、この小説を読んだときの経験である。しばらく読み返していないが、読めばあのころの生活の感覚が、よみがえってきてしまうかもしれない。それは、ちょっと怖いような気もする。

（二〇〇九年二月一〇日号）

菅原 克也（すがわら かつや）

〈執筆者紹介〉

一九八四年人文科学研究科（当時）博士課程単位取得退学。東京工業大学助教授等を経て、二〇〇三年より現職。専門は比較文学比較文化。主要著作に、『英語と日本語のあいだ』（講談社、二〇一一年）、R・A・モネ＝赤坂憲雄論『世界の中の柳田国男』（監訳、藤原書店、二〇一二年）、マイケル・リチャードソン『ダブル／ダブル』（共訳、白水社、一九九〇年）など。

61

自分を突き放して見直した『高村光太郎』

吉本隆明

（春秋社、一九六六年）

島薗 進（人文社会系研究科教授）

一九六七年に教養学部理科Ⅲ類（医学部進学課程）に入学した私は、最小限の授業に出てはいたもののたいていの授業にほとんど興味がもてなかった。その年の秋頃から駒場でもベトナム反戦のデモが目立つようになり、翌春には医学部の紛争が深刻化し、やがてスト、ついでバリケード封鎖となった。一九六九年初めの安田講堂攻防戦を経て、とても医学部には進学できないという気持ちになっていた。

ものごとを考える指針を求めて、むさぼるように本を読み、喫茶店やアパートや飲み屋で友だちと頻繁に話し込む時期があった。私の場合、親との関係が難しかった。親の望むとおりの道をたどってきて、その道が自分の望む道であるという実感がもてなかった。そ

島薗 進（しまぞの すすむ）

れまでぬくぬくと「いい子」であり続けたのだが、そのことにこだわって、ひどい自己嫌悪に苦しんでいた。

多様な友だち、多様な人びとの中で、自分の生い立ちや親子関係をふり返り、それを突き放して見直そうとしながら、未来の方向性を探していた。「突き放して見直す」といっても容易ではない。小説や詩の中に好きなものはあり、哲学・思想書も何か分かったような気にさせてくれる本はいろいろあった。文芸作品やマンガは日々の苦渋をふり返る助けになったし、心情の安定にも欠かせなかった。哲学書・思想書の中には「重大なことが分かった」と思わせるものがあり、そのときは少しほっとした。

だが、切実な心情の次元とものごとを見通す枠組みとがなかなか結びつかなかった。そんな中で、文芸批評というものに引き寄せられた。中でも吉本隆明の『高村光太郎』にはガツンと一発くらって、何かが大きく変わった。高村光太郎の生涯と作品を素材に、父との葛藤《かっとう》、智恵子への愛のあり方、そうした生々しい対人関係と自己自身を定位する理念との関わりが論じられ、吉本自身の青春と重なる戦時期、戦後へと及んでいく。

高村への深い敬意と切実な問題意識が伝わってくる。自己の立場を確認するための孤独な苦闘の息づかいがふつふつと感じられる。他方、近代の知識人の自己意識のあり方という観点から続々と繰り出される、ため息をつくような鋭い分析の数々がある。これらを通じて、著者が構想する近代日本の自己意識の歴史像が浮かびあがってくる。明治末から戦後までの日本精神史の書でもある。歴史的に捉え返すことで、もつれた自己像（高村の、吉本の、そして私自身の）が解きほぐされていく。

自己自身の切実な問題を突き放して見直し、現代日本知識人への指針を提示する著者の力業に、言わば組み伏せられたようだった。とにかくこういうやり方があると分かった。煮えたぎるような思いを冷静にふり返るために、他者の生涯や思考・信仰の歩みを学ぶ。そうして、他者にとっても重要な問題をともに考えていくことができる。やがて宗教学を学ぶようになっても、この本が示してくれている方法は導きの糸であり続けた。

（二〇〇九年一二月一五日号）

『高村光太郎』

〈執筆者紹介〉

一九七七年人文科学研究科（当時）博士課程単位取得退学。東京外国語大学講師等を経て、一九九五年より現職。二〇一三年より上智大学教授。専門は宗教学。主要著作に、『国家神道と日本人』（岩波書店、二〇一〇年）、『宗教学の名著30』（筑摩書房、二〇〇八年）、『日本人の死生観を読む』（朝日新聞出版、二〇一二年）、『精神世界のゆくえ』（秋山書店、二〇〇七年）など。

62

芸術と知識で心が軽やかに
『人間的な、あまりに人間的な（上・下）』
フリードリッヒ・ニーチェ（阿部六郎訳）

（新潮社、一九五八年）

塚本 昌則（人文社会系研究科教授）

虚学ではなく、実学を学べというのが父の口癖だった。戦後の貧しい時を乗りこえてきた実務家肌の父にとって、頼りない息子を「高文」（国家公務員試験）に合格させることが安泰への道だったのだ。しかし、不肖の息子は文学部へ行くと内心決めていた。本や映画にしか興味がもてないのだから仕方がない。

無事入学を果たしたものの、本当に文学部でよかったのか、親の期待を裏切ってまで選択する価値があったのかという不安がなくもなかった。文学を学ぶというのは、どういうことなのか？　そんな思いを胸に、すきま風がひっきりなしに入る青森からの夜行列車の中で、不安な夜を過ごしたことがあった（当時は上京するために九時間半近くかかった）。そ

『人間的な、あまりに人間的な（上・下）』

の時読んだのが、ニーチェの『人間的な、あまりに人間的な』の次の一節である。「ひとがもたなければならないものが一つある、生まれつき軽やかな心か、芸術と知識によって軽やかにされた心かである」。

この言葉が目にとびこんできた途端、ある啓示を受けた気がした。先のわからない重苦しい気持ちをかかえていたことにかわりはないが、何とかやっていけるかもしれないというかすかな光のようなものを感じたのだ。

この「芸術と知識によって軽やかにされた心」とは、具体的にどのようなものなのだろう？　始めのうちは、「芸術と知識」を、ひどく大袈裟に考えていたせいで、実はその内容がよく分からなかった。創造の才能にめぐまれているわけでもなく、知識といってもあまりに膨大な諸学問の蓄積を前に呆然としているだけの若者に、いったいどうすればその「軽やかにされた心」を手に入れることができるというのか？

しかし、『人間的な』を繰り返し読んでいると、問題は「芸術と知識」に触れることで、人間、とりわけ自分に対する見方を変えることだということが分かってくる。自分を、その時々で変化する意見や気分の行き交う十字路とみなすことができれば、この地球の重力から少しは解放されるかもしれない。「自分を凝り固まった不変の単一な個人と扱わないこと」。軽やかな心とはこのことではないか。個人は動かしがたい実体などではなく、立場

塚本 昌則（つかもと まさのり）

や状況に応じてどんどん変わってゆくものなのではないか。上巻の第六章「人と交わる人間」、第九章「ただひとりいる人間」には、そんな人間の滑稽で身につまされる観察がみちあふれている。羽毛の軽さではなく、正確に枝を捕らえる鳥の軽さがそこにある。

確かにニーチェは、「最大の重し」（『悦ばしき知識』）を説いた哲学者として知られている。この「永劫回帰」という思想をどう受けとめるべきか、正直に言っていまだに分からない。しかし、「人生への絶望がなければ、人生への愛もない」とカミュも言った。暗い背景がなければ、差し込む日光のなかを埃の粒子が軽やかに舞うさまを見ることはできない。私は結局、哲学やドイツ文学を専攻する道に進まなかったが、ニーチェの「軽やかにされた心」にいたる道は、一つではないと信じている。

（二〇〇五年一二月六日号）

〈執筆者紹介〉

一九九二年人文科学研究科博士課程退学。博士（文学）。白百合女子大学専任講師、人文社会学研究科助教授等を経て、二〇一〇年より現職。専門はフランス文学。主要著作に、『〈前衛〉とは何か？〈後衛〉とは何か？』（共著、平凡社、二〇一〇年）、『フランス文学講義』（中央公論新社、二〇一二年）など。

63

心の奥底に迫る著者の孤独

『宮柊二歌集』

宮柊二

（岩波書店、一九九二年）

末木 文美士（国際日本文化研究センター教授）

入学したばかりの駒場には全共闘の嵐が吹き荒れて、何も分からず地方から出てきた少年は、ただ右往左往するばかりだった。体調を崩し、精神的にもどん底で、毎晩、このまま目覚めなければよいのにと思いながら眠りにつき、それでもやっぱり朝が来て、世界も自分も何も変わっていないことに絶望する、そんな日々だった。やみくもに本を読みあさったが、何を読んでも心の上っ面を滑っていくようで、しらじらと空しかった。そんなときに出会ったのが、宮柊二の短歌だった。

目にまもりただに坐《ゐ》るなり仕事場にたまる胡粉の白き塵の層《かさ》

末木 文美士（すえき ふみひこ）

目瞑《めつむ》りてひたぶるにありきほひつつ憑みし汝《なれ》はすでに人の妻
接吻《くちづけ》をかなしく了へしものづかれ八つ手団花《たまばな》に息吐きにけり

初期の『群鶏』（一九四六年）から、戦争短歌の傑作『山西省』（一九四九年）へかけて、短詩型の中に抑えに抑えきった言葉が、孤独すぎる若い魂のおののきを載せて、心の奥底まで染みとおるようだった。空中から池に戻された魚が、水をたっぷり吸い込んでようやく体の隅々まで酸素が行きわたるように、柊二の歌は乾き切った僕の細胞の一つひとつまで、何ともしれない充足した寂しさで満たしていった。僕にはこの人の孤独が分かる、きっとこの人も僕の孤独を分かってくれるだろう。

僕は柊二の主宰する短歌誌『コスモス』の会員となり、投稿するようになった。しばらくして、東京歌会に出てきませんか、という編集部の誘いで、僕は初めて新宿で柊二に会った。それは不思議な出会いであった。将来を嘱望されていた新人のS君が、その直前に自殺とも取られかねない事故で亡くなり、柊二は皆の前で涙を流しながらそのことを告げた。その晩、柊二はしたたかに酔って僕を招き寄せ、S君に語っているのか、僕に語っているのかも分からないまでに、熱く饒舌に文学を語った。そして、深夜のタクシーに一緒に乗せられて、三鷹の柊二宅まで連れて行かれた。

それから数年、僕は柊二宅にある『コスモス』の編集部に出入りし、時には事務室の見習いのようなことをして過ごした。何をして生きていけばよいのか分らず、モラトリアムとして大学院に進み、一方では坐禅に通うようなあやふやな生活の中で、柊二の側にいられることは、それだけで幸福だった。柊二は糖尿病が進んでいたのによく飲み、よく語り、厳しく、そして温かかった。

しかし、やがて将来の生活を考えなければならず、研究も中途半端なままでできるほど甘いものではないと分かってきた。『コスモス』を通して知り合った女性との一〇年に及ぶ苦しい恋愛にも、結論を出さなければならなくなった。こうして少しずつ短歌を離れていくようになった。僕の「歌のわかれ」だった。今調べてみると、当時ぼろぼろになるまで読んだ新潮文庫・角川文庫・岩波文庫いずれも入手不可能で、残念だ。

（二〇〇六年九月二六日号）

〈執筆者紹介〉

一九七八年人文科学研究科（当時）博士課程修了。文学部助教授等を経て、一九九五年より人文社会系研究科教授。二〇〇九年より現職。専門は仏教学・日本思想史。主要著作に、『日本仏教史』（新潮社、一九九六年）、『仏教 ― 言葉の思想史』（岩波書店、一九九六年）、『近代日本の思想・再考（全三巻）』（トランスビュー、二〇〇四年・二〇一〇年）など。

64

冷えた心に「ほの温かさ」がともる

『わが西遊記』

中島　敦

（講談社、一九九二年）

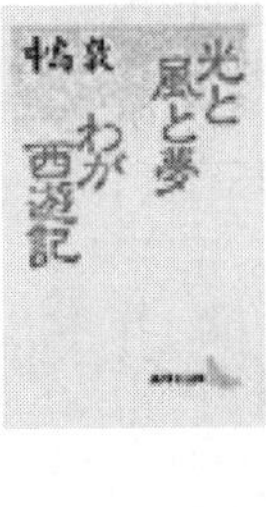

廣野 喜幸（総合文化研究科准教授）

大平政権が発足し、イギリスで世界初の試験管ベビーが誕生した年。王選手が八〇〇号ホームランを達成し、菊川怜が生まれた年。キャンディーズが解散し、ピンクレディーが「UFO」で日本レコード大賞を受賞した年。「白い巨塔」が放映され、主演の田宮二郎が四三歳（今の私より若い！）で猟銃自殺した年。その年、私は東京大学の一年生だった。そして鬱々たる日々を過ごしていた。

毎日が眠たくてしようがない。全く気力が湧かない。そんな生活が続いた後、初夏頃には完全に不登校に陥っていた。そして、自分一人が世間から取り残されたような気がし、「なんとかしなくちゃ、なんとかしなくちゃ」と思いつつ、やっていることと言えば、とりつかれたように毎日、ただ新聞を全文読もうとするだけであった。心の病にかかっていたのだろう。

そうこうするうちに父の会社が倒産した。小さな芸能プロダクションの会長を務め、ピンクレディー等の地方公演を興行していた父の会社が不渡りを出したためである。父は多額の借金を背負い、スキンヘッドの借金取りが二〜三人で連れだってきては「月夜の晩ばかりじゃねえぞ」と母を脅して帰る日々がやってきた。今度は登校したくてもできない状況になった。しかも、相変わらずやる気は起きない。

溺れる者はわらをもつかむ。教科書類はそっちのけで、いろいろ読みあさることで救われようとした。そんなときふと手を伸ばしたのが中島敦の『李陵・山月記』（角川文庫、一九六八年）であった。高校時代の読書感想文の対象に取り上げた武田泰淳『司馬遷　史記の世界』（講談社文庫、一九七二年）に触発されて買い求めたのだろう。だが、心に残り、今も時折読み返すことがあるのは、目当ての「李陵」ではなく、「わが西遊記」の方だ。

心の病にかかった沙門悟浄は、病を癒すため、賢人・医者・占星術師を五年近く渡り歩く。だが、病はますます深まってゆく。そのような悟浄も、三蔵法師玄奘と出会い、共に旅を続けるうちに徐々に変わってくる。「わが西遊記」中で悟浄が翻然大悟するわけではない。ただ、それまで冷えていた彼の心が、玄奘の寝顔を見て「何かがポッと点火されたようなほの温かさ」を感じるようになるだけである。

読了後、なぜか、私の心にも「ほの温かさ」がポッとともされた気がした。「わが西遊記」に対しては「おもしろくない」という感想もよく聞く。確かに、元気なときに読むと退屈な小説なのかもしれない。しかし、元気なとき楽しい小説ばかりの世界だとしたら、さぞ住みにくかろう。

翌年の春、経済的にはまだまだ大変だったが、私も徐々に元気を少しだけ取り戻し、再び登校するようになった。

（二〇〇六年三月一〇日号）

廣野 喜幸（ひろの よしゆき）

〈執筆者紹介〉

一九九〇年理学系研究科博士課程修了。総合文化研究科講師等を経て、一九九九年より総合文化研究科助教授（二〇〇七年より現職）。専門は科学史・科学論。主要著作に、『生命科学の近現代史』（共編、勁草書房、二〇〇二年）、『科学コミュニケーション論』（共編、東京大学出版会、二〇〇八年）など。

65

「密室の芸術」である文学に陶酔

『晩　年』

太宰　治

（新潮社、二〇〇五年）

安藤　宏（人文社会系研究科教授）

現在の仕事（近代文学の研究）に直接関わるようなお話でない方がかえって面白いとも思うのですが、青春時代の読書の思い出ということになると、文学とは全く無縁だと思っていた自分がなぜこの世界に足を踏み入れるきっかけになったのか、ということを抜きには、やはりどうしてもお話できないような気がします。

この本に出会ったのは浪人時代から大学一年生にかけてだったと思います。太宰という作家は「青春時代のハシカ」などとも言われていて、誰でも中学、高校時代に一度は熱中するが、すぐに卒業してしまう。その意味では、自分自身オクテというか、本当に「遅れてきた青年」だったのだろうと思います。

安藤 宏（あんどう ひろし）

実は二〇歳前後の頃、心身の不調和で悩んでいて、自分と世界との激しい違和感にさいなまれていました。一種の対人恐怖症、とでもいうのでしょうか。日記のようなものをつけていたのですが、その日の対人関係を思い出して自己嫌悪に陥る、その記述を翌日また読み返してさらなる嫌悪を書き記していく、さらにまた……という具合に、いわば合わせ鏡の中の自分を見るような自意識の煉獄に苦しんでいたわけです。そんな時に、『晩年』の中の「道化の華」という小説を読んで、とても大きな衝撃を受けました。この小説は主人公の自殺未遂を扱ったものなのですが、物語の中に作者の「僕」が顔を出して、本当はこんな小説を書くつもりだったのだが失敗したのだとか、それも実はウソで、わざと書いてみたのだとか、さらにはそういってみせること自体がウソかもしれない、などという告白が綿々と続いている。虚実皮膜、とでもいったらよいのでしょうか、結局世の中にはマルかバツかで片づくことなど何もありはしない、ただ、信じられるのはこういった自意識のドラマだけなのだ。かぎりなく自己否定を重ねていく言葉の運動を通して、初めて他の何物にも代えがたいその人らしさが顕現してくるのではないか、ということを漠然と感じるようになったわけです。

別に、まさかそれが心身の不調和の克服に役立った、などと言うつもりはありません。ただ、自分一人だけで抱え込んでいる悩みが、まさに他の人にとっても重大な問題だったのだという発見、あるいはまた、恥ずかしくてとても人には言えないと思っていたことをここまで語ってしまってもよいのかというおののきや陶酔、とでも言ったらいいのでしょうか。要するに「密室の芸術」である文学の醍醐味にはまってしまったわけですね。

近年「文学」には逆風が吹いている。けれども、たとえ入口は人によってさまざまでも、今述べたようなおののきが存在し続けるかぎり、この世からこうした世界を探求する人間が姿を消すことはないのだと確信しています。

（二〇〇五年九月二〇日号）

〈執筆者紹介〉

一九八七年人文科学研究科（当時）博士課程退学。上智大学助教授等を経て、二〇一〇年より現職。専門は近代日本文学。主要著作に、『近代小説の表現機構』（岩波書店、二〇一二年）、『自意識の昭和文学』（至文堂、一九九四年）、『太宰治――弱さを演じるということ』（筑摩書房、二〇〇二年）など。

66

学生に劣等感は要らない

『うひ山ふみ／鈴屋答問録』

本居宣長

（岩波書店、一九三四年）

安西 信一（人文社会系研究科准教授）

若い頃、影響された本、感動した本は無数にあり、一冊となると迷う。繰り返し読んだ本はそう多くないが、それでもキルケゴール『死に至る病』、シェリング『自由論』など幾度も読んだ。今考えるとなぜかよく分からない。大げさにいえば、実存的危機のようなものを漠然と生きていたのだろう。三木清の『哲学ノート』、特に『人生論ノート』、パスカル『パンセ』なども好きだったが、同じ理由からだと思う。他にも特に印象に残っているものとしては、ニーチェ『ツァラトゥストラ』、ハイデッガー『存在と時間』、ベルグソン『創造的進化』『道徳と宗教の二源泉』、メルロ＝ポンティ『知覚の現象学』などなど、手当たり次第に読んだ。大学三年を過ぎると、専門関係以外なかなか読めなくなったが、それでもバルト、フーコー、デリダ、ブルデューなどよく読んだとおもう。また渡辺二郎『ニヒリズム』や坂部恵『仮面の解釈学』の、オリジナルな思考を構築する姿勢にも共感を覚えた。

しかしあえて一つに絞るなら、本居宣長『うひ山ふみ』だろうか。岩波文庫の薄い一冊。古語だが分かりやすく、すぐ読める。読んだのは、確か大学一年のある日だった。恋に悩み、家族ともギクシャクし、大学の授業は最近のように学生のためを思ったものではまったくなく、他方ジャズメンになる夢も捨てきれず、いつも授業をサボっては図書館やジャズ喫茶をぶらついていた。当時、横浜に住んでおり、よく鎌倉にも行ったが、その日も偶然この一冊を手に、下りの横須賀線に乗ったのだった。

鎌倉妙本寺の裏を通るハイキングコース、八雲神社の上辺りに、海まで見渡せる場所がある。その石に座り一人読んだ。ウィークデーで人もおらず、動きの多い曇り空を眺めながらした読書は、今も忘れられない。この書は、学問を始める者に、その心得を易しく説くものだ。当時、学問に関しても強い劣等感を感じていた私は、かといってどうすることもできず、相談相手もなく、悶々《もんもん》としていた。同書の内容は、大体は常識的なことだが、その時の私には、まるで宣長先生が時を越えて語り掛けるように胸に響いた。

「学問は、ただ年月長く倦《う》まず怠らずして、励み努むるぞ肝要にて、学びやうは、いかやうにても良かるべく、さのみ関はるまじきこと也」（表記改変）。才能や時間の有無は関係ない。時間のない人の方がすぐれた学問を成し遂げることも多い。晩学でもよい。「とてもかくても、努めだにすれば、出来るものと心得べし。すべて思ひ崩折《くずお》るるは、学問に大いに嫌ふ事ぞかし」。

もちろん、一冊の本で生き方が変わったなどとはなかなかいえない。けれどこの一冊のおかげで、当時の私はどれほど救われたことか。その後、お世辞にも「倦まず怠らず」学問をしてきたとはいえない私だが、それでもなんとか先へ進もうとおもう。自分なりの仕方で。それしかできない。それでいい。当たり前といえば当たり前だし、要するに開き直りなのだが、この書物は、「崩折」れずにいる勇気を、なにも分からない私に与えてくれたのだった。

（二〇〇八年一〇月七日号）

安西 信一（あんざい しんいち）

〈執筆者紹介〉

一九九一年人文科学研究科（当時）博士課程単位取得退学。博士（文学）。広島大学助教授等を経て、二〇〇九年より現職。主要著作に、『イギリス風景式庭園の美学』（東京大学出版会、二〇〇〇年）、『日常性の環境美学』（共著、勁草書房、二〇一二年）、*Gender and Landscape*, Routledge, 2005 など。

67

利口な東大生の弱点突く

『氷川清話』

勝　海舟

（角川書店、一九七二年）

大久保 修平（地震研究所教授）

手元の古く黄ばんだ文庫版の奥付に記された読了日は、一九七五年四月一一日となっている。三分の一世紀前、私が理学部の三年生後半の時期に読んだことが、昨日のことのように思い出される。一七歳から二〇歳までの私は、やや深刻なニヒリズムに陥っていて、今思い出しても暗～い毎日だった。ほんとに「何のために、生きるのか」、「学問をして、それが一体何の役にたつのか」とか、ほとんど答えのない問題に自問自答して苦しんでいたように思う。当然ながら不眠症にも悩まされていて、住んでいた学寮（豊島寮）の付近で飼われていた鶏の早朝の鳴き声をのろったりもした。不眠症だから、八時か八時半開始の朝一限の講義はよく遅刻した。そーっと教室に入っていくと、（後に恩師となった）Ｓ先

大久保 修平（おおくぼ しゅうへい）

生に見つけられて「名を名のれ！」と怒鳴られて、立ち往生したこともある。S先生は低血圧だったので、朝一の講義でムシの居所が悪かったのかもしれない。偶然ではあるが、その講義を、今、自分が三年生にしているが複雑な気分である。こういうのを「因果は巡る糸車」というのだろう。

さて、氷川清話の読後感であるが、「高い山の頂から麓《ふもと》を見下ろすような雄大な気分」だった。私を含めて座学の得意な東大生の典型的な弱点を突いていたことも新鮮だった。「利口ばかりでは国は治まらない」とか、「行政学を一冊読んで、天下の機関がうまく回転すれば、世の中は楽なものだ」なんて、お利口さんぞろいの東大生には耳が痛いのではなかろうか？　海舟の懐の深さを示すように、篤農家・囚人・幇間《ほうかん》・料亭の女将など市井の人物についての評論が、とくに興味深いし、役にも立つ。

氷川清話のおかげで、不眠症も治ったし、ニヒリズムからも抜け出せた。何より、自分の過去・現在・未来を、ちょうど映画の超ロングショットのように見られるようになった（ような気がする）。読者諸君も「友が皆、我より偉く見ゆる日よ。花を買い来て……」という、小さな挫折や大きな挫折を経験することがあるだろう。そのとき、海舟の喝破したように「上がった相場も、いつか下がるときがあるし、下がった相場もいつかは上がる時があるものサ。…長くて十年はかからないヨ」と思えば、失意泰然としていられるだろう。

また、誰もやったことのない困難な仕事に、徒手空拳で立ち向かわなくてはならないこともあるだろう。そのとき、「世に処するには、大胆に無用意に打ちかかっていき、おれの身体が、ねぢれるならばねぢって見ろ、という了簡で、事をさばいていけば、造作もなく落着する」と、海舟は励ましてくれる。さらには社会に出て、部下を使うときには、「人を用いるのに急いではいけない」とか、「一つの事業は、一〇年経たねば取りとめがつかない」などの言葉は自らを律し戒めてくれる。海舟の言う「平素の行い、修行」を怠らなければ、氷川清話は読者の良きアドバイザーとなってくれるだろう。

（二〇〇九年一月二〇日号）

『氷川清話』

〈執筆者紹介〉

一九八一年理学系研究科博士課程単位取得退学。博士（理学）。地震研究所助教授等を経て、一九九七年より現職。専門は地球重力論。主要著作に、『地球が丸いってほんとうですか?』（朝日新聞社、二〇〇四年）、『大地の躍動を見る』（共著、岩波書店、二〇〇〇年）など。

68

ジョンの魂胸に　大学を辞める

“John Lennon/ Plastic Ono Band”

（一九七〇年、邦題『ジョンの魂』）

ジョン・レノン

佐藤 良明（元東京大学教授）

ビートルズの崩壊は一九七〇年を通じてズルズルと進行した。ちょうどその年の安保闘争が、一九六〇年代の理想を崩していったように。

ぼくの入学した東北大は、民青執行部が倒れ、革マル、中核、社青同、いろんな色のヘルメットと旗が構内に咲き乱れた。無期限ストライキとなったわけだが、運動に行き先はなく、ぼく自身、街頭デモには参加したものの、信念も何もなく、いろんなことがズルズルと崩落していく中で、居心地の悪い若さを、ただやり過ごしているだけだった。

一〇月、演劇センター68／70の巨大な黒テントが仙台の公園に立った。その横っ腹がいきなり開いて、オートバイが乱入、エレキギターがさく裂した。芝居がはねてからも立ち去り難く、うろうろしていたら団員から「あんた一緒に来ないか」と言われた。即答できなかった。そんな自分に腹が立って、数日後、ぼくは大学を辞める決心をした。

下宿に戻って荷物をまとめていた晩秋の日曜日、三島由紀夫が割腹自殺した。翌日の東北線急行電車で、浮浪者風の男が前に座り、ぼくの顔の骨相をしげしげと見て言った。「あんた、四〇までは浮かばれないねえ。あんまり真っすぐだからねえ」。ほとんど匂うくらい汚いなりをしたオッサンの言葉には妙な真実味があった。そうか、四〇までダメか。なぜか、ふっと気が軽くなった。

ジョン・レノンのソロ・アルバム"John Lennon/ Plastic Ono Band"のリリースは、群馬県の自宅に帰って、再受験の勉強を始めたさなかのことであって、すぐには反応していない。

翌年四月、文科Ⅲ類に入ったぼくは、とある学寮の二段ベッドの上の段で、ヘッドフォンをかぶって毎日これを聴いた。

息苦しい。ミニマムな伴奏と絡むボーカルの息づかい、心のざらつき。安易には聴き込めない。父に捨てられ、母に死なれ、学校からはじかれ、ロックンロールに走ってスターになって歴史を旋回させた男が、時代が崩落していく中、虚空と向き合って、心の深みから湧き上がる思いだけをシャウトする。悪態もつく。たたきつけられるピアノの音まで肌にヒリヒリくるかのようだ。

ジョンは四〇歳で撃たれて死んだ。ぼくはといえば、東北線の浮浪者の予言通り、四〇を越えてから、それなりの社会的な顔も出来た。

だがそんなものは信じない。東大教授なんて信じない。ジョンがあのアルバムでやってみせたように、過去のしがらみを〈英語I〉も信じない。ジョンがあのアルバムでやってみせたように、過去のしがらみを振り落とし、虚空の中で自分の深みと対面したい。

そんな気持ちが湧いてきて、今年ぼくは大学を辞める。定年よりだいぶ早いが、いいじゃないか。これから、ちょっと冒険である。そのことに幸せを感じる。これもジョンのおかげか。青春の混沌の中ですがった一冊のアルバムが、ぼくの魂に染み込んだから? だったらオーケー。人生、マルである。

（二〇〇七年三月三日号）

佐藤 良明（さとう よしあき）

〈執筆者紹介〉

一九七九年人文科学研究科（当時）博士課程中途退学。東京外国語大学助教授等を経て、一九九五年より二〇〇七年まで総合文化研究科教授。専門はアメリカ文化・ポピュラー音楽。主要著作に、『これが東大の授業ですか。』（研究社、二〇〇四年）、『ビートルズとは何だったのか』（みすず書房、二〇〇六年）、T・ピンチョン『重力の虹』（訳、新潮社、二〇一三年）など。

第八章　自らを形作った

69

鋭い言葉が残した傷あと

『ツァラトゥストラ（上・下）』

フリードリヒ・ニーチェ（吉沢伝三郎訳）

（ちくま学芸文庫、一九九三年）

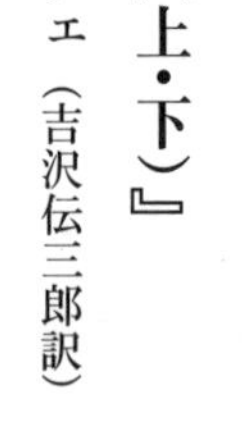

石井 洋二郎（総合文化研究科教授）

「青春の一冊」といわれて、すぐにこれと答えられるような書物があるわけではない。若い頃に読んで影響を受けた本、衝撃を受けた本は何冊もあるし、受けた刺激の質はそれぞれに違っているので、たがいに比べてこれが一番、といった選び方ができるわけでもない。しかし私の進路をある程度決定したという意味でいえば、やはりニーチェの『ツァラトゥストラ』がまず思い浮かぶ。

初めて読んだのは高校進学直前の春休みで、当時はまだ著者の途方もない思考のエネルギーを受けとめるだけの知性も感性も十分に成熟していなかったと思う。それでも次々と繰り出される迫力満点の言葉には心がうち震え、たちまち痺れてしまった。「すべての書かれたもののうちで、わたしは、人が自分の血でもって書いているものだけを、愛する。血でもって書け。そうすれば、きみは、血が精神であることを経験するであろう」とか、「ああ、わたしのまわりには氷があり、わたしの手は氷でおおわれたものに触れて火傷《やけど》するのだ！　ああ、わたしのなかには渇望があり、それがきみたちの渇望にあこがれるのだ！」とか——。

だめだ、危ない、これはやられる、と思ったときはもう遅かった。べつに著者の思想を理解して共鳴したということではない。そんな余裕もないままに、ふと気がついてみると、私の頭はいつの間にか完全に「ツァラトゥストラ化」していて、ありふれた穏やかさよりはめったに訪れない激しさを、健全な均衡よりは不健全な破綻《はたん》を求めるようになっていた。大学に入って法学部に進学したものの、周囲の友人たちのように官界や法曹界に入って「世のため人のため」に尽くすことなどまったく考えず、けっきょく進路変更して文学研究の道を選ぶことになったのも、一〇〇パーセントとはいわないが、たぶん三〇％くらいはニーチェのせいである。

青春というのは、無防備な肌をさらけだして直射日光を浴びているようなところがあって、波長の合う言葉に出会ってしまうと、みるみるうちに皮膚が焼けただれてしまう。ニーチェの言葉は、凸レンズを通して一点に集められた光線のように、まだ青白かった私の肌

『ツァラトゥストラ（上・下）』

に襲いかかり、消えない傷あとをいくつも残した。それはまさに「氷でおおわれたものに触れて火傷する」ような経験であり、尖端を熱した鋭い刃物に突き刺されるような感覚である。確かに、痛い。だが、別にマゾの気があるわけではないけれども、それはまた、えもいわれぬ快感の裏返しでもある。そして『ツァラトゥストラ』には、至るところにそうした刃物が仕掛けられているのだ。

そんな危険に満ちた書物を読み進めていくスリルはたまらない。だから私は今でもときどき、仕事とは無関係にこの本を取り出して、新しい言葉に不意打ちされるのを楽しんでいる。そして「痛い」という感覚が消えないうちは、私の青春はまだ終わっていないと思っているのである。

（二〇〇八年一〇月二一日号）

石井 洋二郎（いしい ようじろう）

〈執筆者紹介〉

一九八〇年人文科学研究科（当時）修士課程修了。博士（学術）。京都大学助教授等を経て、一九九四年より現職。二〇一二年より副学長。二〇一三年より総合文化研究科長・教養学部長。主要著作に、『ロートレアモン 越境と創造』（筑摩書房、二〇〇八年）、『科学から空想へ』（藤原書店、二〇〇九年）、『告白的読書論』（中央公論新社、二〇一三年）など。

70

心の中に広がる異郷への憧れ

『三色菫・溺死』

シュトルム（伊藤武雄訳）

（岩波書店、一九三五年）

平島　健司（社会科学研究所教授）

関西の進学校を卒業した私にとって、東京で始めた大学生活は何もかもが新しかった。駒場のクラスやサークルの活動を通じ、たくさんの新しい友人とも出会った。長い受験生活を終えた解放感もあってか、友人たちと他愛もない時間を過ごすことも多かったけれど、読書の楽しみはかけがいのないものとなった。

世界が突然開けたように感じて、さまざまなジャンルの本に親しんだ。語学のクラスで取り上げられた文学のテキストは、辞書を片手に真剣に取り組むとどれも深い味わいがあった。世間で話題となった新刊物でさえ、友情を深めるきっかけとなった。今も記憶に残るキャンパスの風景は、作家や書物の名前と分かち難く結びついている。

平島 健司（ひらしま けんじ）

しかし、青春の一冊として忘れ難いのは、高校生のときに読んだ『水に沈む Aquis submersus』（『溺死』とも訳される）である。デンマークとの国境に近い北ドイツ、シュレスヴィヒの作家、シュトルムの短編である。作家は一九世紀後半に生きた人だが、この作品では小説の舞台を三〇年戦争後の故郷に近い村に設定し、貴族の令嬢と青年画家との悲恋物語を描いた。ある日、故郷フーズムの北にある村を訪れたシュトルムは、その村の教会で牧師夫妻とその子供達を描いた等身大の肖像画を目にした。夫妻の息子の絵には、男の子の不慮の死を意味するラテン語の文章が彫られており、作家はその一文から着想を得てこの作品を完成した、と文庫本の解説にある。

当時の私は、なぜそれほどまでに強くこの作品に引かれたのだろうか。確かに、端正な訳文によって描かれた近世北ドイツの風情は、異国情緒に満ち溢れたものだ。令嬢と画家の悲恋も、息子の溺死《できし》という結末が深い無常の余韻を残し、単なるメロドラマとは異質の趣をもつ。しかし、あの時の心の動きを余すところなく伝えることは、とてもできそうにない。ただ、初夏の夜、文庫本を読み始めてやめられなくなり、深夜に心の中に広がった遠い異郷へのあこがれを思い起こすばかりである。

学部を卒業して大学院に進んだ私は、ドイツやヨーロッパの政治を専攻する研究者の道を歩むことになったが、シュトルムが進路を選ぶ直接のきっかけになったとは言えそうにない。今、この作品を読み返すと、当時は気付かなかった物語の社会的背景や習俗、細部では造園や野鳥にも興味を覚える。私の愛読書はむしろ、同時代のヨーロッパ社会を描いた何人かの近代小説家の作品群である。しかし、それでもなお『水に沈む』は、私にとって青春の詩であり続けているのだ。

（二〇〇八年六月三日号）

『三色菫・溺死』

〈執筆者紹介〉

一九八二年法学政治学研究科修士課程修了。法学部助手、社会科学研究所助教授等を経て、二〇〇〇年より現職。専門はドイツ政治・ヨーロッパ政治。主要著作に、『EUは国家を超えられるか』（岩波書店、二〇〇四年）、『ドイツ現代政治』（東京大学出版会、一九九四年）、『ワイマール共和国の崩壊』（東京大学出版会、一九九一年）など。

71

孤高を貫いた高潔な青年

『背教者ユリアヌス（上・中・下）』

辻 邦生

（中央公論新社、一九七四年・一九七五年）

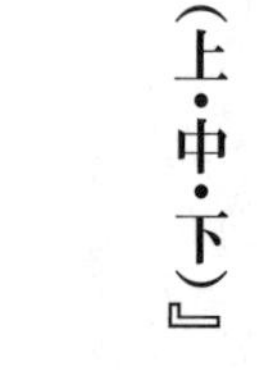

石原 俊時（経済学研究科准教授）

自分の世界観・人生観に影響を及ぼした大学時代に読んだ本を挙げよとの課題を与えられた。とはいえ、なかなか思いつくものではない。この書物は、そのような意味を持っていたのかどうか自分には分からないが、大学時代に読んだもっとも思い出深い本と言ってよい。

当時私は、研究者になろうと大学に入ったのであるが、そうはいっても自分がいかなる研究者を目指すべきなのかをはっきりと思い描けていたわけではなかった。現在何をすべきなのかもわからず、自己の能力の至らなさを実感しながらも、むしろ無為に時間を過ごしてしまいがちであった。このようにして悶々と過ごしていたのが自分の大学生活であったような気がする。そうした中で駒場の教養学部時代に出会ったのがこの書物であった。

ユリアヌスは、ミラノ勅令によってキリスト教を公認したコンスタンティヌス大帝の甥に生まれた。幼くして皇帝の座をめぐる権力闘争に巻き込まれ、自己と異母兄のみが生き残るという事態に陥った。その後も幾度となく権謀術数の渦に巻き込まれ、危機を迎えることとなる。しかし、それらを何とか乗り越え、幽閉された身ながら、ギリシア哲学をはじめ諸般の学問に親しみ、高い理想を抱き強い意志の力をもった青年に成長する。後には、副帝として赴任したガリアの地で軍事的才能を発揮し、政治的指導者としての才能も開花させた。苦しくも時の皇帝に対する反乱に際し旗印に祭り上げられ、皇帝と対決する意志を固めるが、皇帝の突然の死により図らずも自ら皇帝に即位することとなる。こうして自己の理想を実現する立場を獲得するが、即位後二年足らずにしてペルシア遠征の途上で戦死してしまう。

ユリアヌスは、後世ではキリスト教を迫害した「背教者」とされ、悪者と見なされることも少なくなかったが、この書物では、純粋な魂を持った高潔な人物として描かれている。彼は、落日近いローマ帝国で自己の理想を実現するために汚穢《おわい》に満ちた現実と懸命に戦った。しかし、ついには若くして命を失うこととなる。この書物は、格調高い文章によりこうした悲劇的英雄の生涯を描いた一大叙事詩と言える。

悶々とした日々を送っていた自分は、この書物を夢中になって読み、少なからず清々しい気分になったことを覚えている。孤高を貫いたユリアヌスの姿にあるべき自分を見たのであろうか。この書物が自分をどのように変えたのは分からないが、その時期の自分と深く共鳴したことは確かである。今でもこの書物の表紙を見ただけで当時の日常生活の風景がありありと想い出される。このようにある時代の自己を投影しうる書物に出会えたのは幸せなことであると感じている。

（二〇〇七年五月二二日号）

石原 俊時（いしはら しゅんじ）

〈執筆者紹介〉

一九九一年経済学研究科博士課程単位取得退学。経済学博士。立教大学助教授等を経て、二〇〇二年より経済学研究科助教授（二〇〇七年より准教授）。専門はスウェーデン社会経済史・思想史。主要著作に、『市民社会と労働者文化』（木鐸社、一九九六年）、『もう一つの選択肢』（平凡社、一九九五年）など。

72

書物の世界に浸る読み方で
『戦争と平和（1～4）』
トルストイ（米川正夫訳）

（岩波文庫、一九八四年）

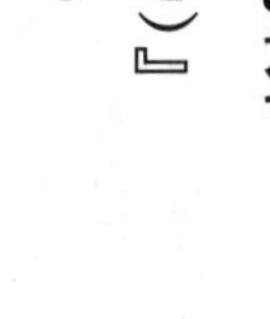

北川 東子（元東京大学教授）

「青春の一冊」とは、どういう本のことだろう。たぶん、その本との決定的な出会いが必要だろう。

あるとき人に薦められて一冊の本を手にとり、みるみる引き込まれてしまう。そして、あまり一般の興味を引かないようなこと、たとえばカッパドキアの遺跡に興味をもってしまい、ついには現地での調査活動に加わって、今や、専門研究者となってしまった。あるいは、環境問題や社会問題を告発した本を読む。問題のあまりの深刻さに衝撃を受け、自分の意識の低さに愕然となる。この本との出会いがあって自分の生活は変わってしまった。

残念なことに、そんなふうに本との衝撃的な出会いをしたことはない。年齢的にも青春をはるか後にしてしまったから、これからすることもないと思う。けれど、本とはしょっちゅう出会っている。思想研究を専門としているので、新刊の研究書には目を通さなくてはならない。また、研究仲間が新しく書いた意欲的な本を送ってくれるので、時間があれば一生懸命に読む。さらに、もう出会ったはずの本とも別の形の出会いがある。その一例が、古典が新しい編集のもとで出版されて、昔とは違う姿を見せてくれることだ。でも、自分の人生行路や意識が根底から変化するような出会いはもうないと思う。だから、若い人たちにはぜひ「青春の一冊」との衝撃的な出会いをしてほしい。ちょうど、誰かと出会うことで生きることの新しい次元が開けるように、本と出会うことで、新しい自分への一歩を踏み出してほしい。

本を読み、書くことが仕事のひとつとなってから、自分が「大人読み」で本を読むようになってしまったことを感じる。あらかじめ、読める範囲と読めない範囲とを想定し、読めるところを強調して読んだり、読めないところに意識を集中したりする。自分の関心と必要に応じて、コントロールしながら読むのだ。

こんな「大人読み」の日常の中で、ふと「青春読み」のことを思い出すことがある。本に身を任せて、書物の世界に浸りきってしまう読み方で、とりわけ優れた文学作品の場合はもう完全に入り込んでしまい数日は抜け出すことができない。

北川 東子（きたがわ さきこ）

色鮮やかな世界の中で、魅力的で不思議な主人公たちが動き回っている。思いもかけない出来事が起こって、衝撃が走る。この仮想世界はすべてが文字を読むことだけで生み出された世界なので、現実の介入を受けない。色があせることもなく、音が消えることもない。壊れることがない世界である。しかもこの世界は完結している。そんな「青春読み」の醍醐味を教えてくれたのが、トルストイの『戦争と平和』だった。ナポレオンのロシア遠征を下敷きにして、「戦争と平和」に翻弄される人間の姿を描いた世界文学の傑作である。女主人公ナターシャの初めての舞踏会を始めとして、アンドレイとピエールとの哲学的対話など、この小説のすべての場面が今でも私の心の中にはしっかりと存在していて失われることはない。永遠世界への扉となってくれる小説である。

（二〇〇九年三月一〇日号）

『戦争と平和（1～4）』

〈執筆者紹介〉

一九七七年大阪大学大学院修士課程修了。博士（哲学）。教養学部助教授等を経て、二〇〇〇年より二〇一一年まで総合文化研究科教授。専門は哲学・現代ドイツ思想。主要著作に、『ハイデガー』（日本放送出版協会、二〇〇二年）、『ジンメル――生の形式』（講談社、一九九七年）、『法と暴力の記憶――東アジアの歴史経験』（共著、東京大学出版会、二〇〇七年）など。

73

紛争の中で発見した学知

『ソロモンの指環』など

コンラート・ローレンツ（日高敏隆訳）

（早川書房、一九六三年）

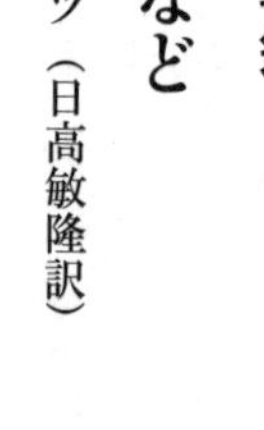

山影 進（青山学院大学教授）

私が大学に入った頃は、いわゆる大学紛争が燎原の火のごとく全国に広がった時代で、勉強に集中する雰囲気ではありませんでした。そんな中で、コンラート・ローレンツ『ソロモンの指環』はすさんだ気持ちを慰めてくれました。もともと「生き物」が好きだったので、漠然と生物学に関心があったのですが、植物学実験で、普段は豪放磊落《らいらく》な教授の手による緻密な顕微鏡観察図を見せられて自分の不器用さに幻滅し、さらに「生物学というのは『生き物』ではなく、細胞をすりつぶして生理活性やＤＮＡを調べるんだ！」と自分の無知さにあきれて、早々と転向してしまいました。日本にも生き物を研究する生物学があることを知ったときは「後の祭り」でした。

同じ頃に読んだ本が衞藤瀋吉『無告の民と政治』（番町書房、一九六六年）で、「無告の民」なる言葉を知りました。「ぶこく」と読むのか「むこく」と読むのか分からなかったことまで記憶に残っています（「むこく」と読みます）。「お上」（まあ、政府ですね）に訴えることができない、無名で無力な人たちのことです。そのような人たちが安心して暮らせる世界をどうやって創り出すのか、という問題意識は鮮烈でした。民衆とかサイレント・マジョリティとは異なる概念に接した瞬間でした。結局、この言葉から不即不離で、国際関係のいろいろな側面を覗くような仕事をしてきたことになります。最近では、「人間の安全保障」です。今までの仕事にまとまりをつける意味で、あえてタイトルをつければ「弱者の国際関係論」でしょうか。

「神々の争い」の日々が終わってまもなく、学問の営み（学説）と真理との関係についての蒙を啓いてくれたのがトーマス・クーン『科学革命の構造』（みすず書房、一九七一年）です。この本のことは素粒子論を研究していた先輩が教えてくれたのですが、「パラダイム」の考え方を知ったおかげで、その後ずいぶんと自分のことを客観視できるようになりました。もともと、人文学や社会科学のパラダイム転換から、自然科学における転換のヒントを得たそうなので、理系だけでなく文系の人も敬遠しないでください。

『ソロモンの指輪』と『科学革命の構造』は今も簡単に入手できるようなので、ベストセラー・ロングセラーですね。『無告の民と政治』は内容と装いを変えて『衞藤瀋吉著作集　第八巻』（東方書店、二〇〇四年）となっていますが、すでに絶版かもしれません。他にも触れたい本があるのですが、本来は一冊あげよという指示だったので、三冊だけ紹介しました。

（二〇一一年一〇月一八日号）

山影 進（やまかげ すすむ）

〈執筆者紹介〉

一九八二年マサチューセッツ工科大学博士課程修了。教養学部助教授等を経て、一九九一年より教養学部教授（一九九六年より総合文化研究科教授）。二〇一二年より現職。専門は国際関係論。主要著作に、『国際関係論講義』（東京大学出版会、二〇一二年）、『人工社会構築指南』（書籍工房早山、二〇〇七年）、『ASEANパワー』（東京大学出版会、一九九七年）など。

74

民族を超えた感性を求めて

『音楽入門』 伊福部昭

（要書房、一九五一年）

伊福部 達（東京大学名誉教授）

この本は作曲家の伊福部昭が今から五六年前の一九五一年に三七歳のときに著し、要書房から文庫本として出版されたものである。同時期に書いた一五〇〇ページに及ぶ「管弦楽法」は版を重ねたが、本書は世の中から完全に忘れ去られていた。それが二〇〇三年に新装版として全音楽譜出版社から「半世紀の時を経て伝説の名著が復活！」とのうたい文句で出版された。

私が高校生のころであろうか、父の書斎の本棚に専門書に紛れて置かれていたのを時々手に取って読んではいたが、本書が当時の私に強烈な印象を与えたという記憶はない。しかし、再び読み返してみて、私の人生観に大きな影響を与えた言葉のいくつかが本書の中にあることをあらためて知った。叔父（父の弟）が書いた本を宣伝するようでもあり、本書で取り上げるのには躊躇《ちゅうちょ》したが、いまだに通用する普遍的なことをつづっていることから、本書の読者にとっても一読に値すると判断し、青春の一冊とすることにした。

著者は二〇歳のときに、北海道の厚岸という小さな町で林野官として働きながら独学で書いた「日本狂詩曲」という管弦楽曲が世界のあるコンクールで一等になったのをきっかけに、その後も多くの民族的な響きを持つ管弦楽曲を世に出していた。しかし、民族的なものをベースとして作った曲は日本の屈辱であるとか、最新の作曲技法を取り入れた現代音楽こそ挑戦すべきであると主張するのが戦後間もなくの音楽界の潮流であった。映画「ゴジラ」をはじめとする三〇〇に及ぶ映画音楽を通じて一般の人たちにも伊福部音楽が知られるようになるのであるが、一方では、純音楽の世界からはますます見放されていった。音楽界がそんな風潮であったときに書いた本であるので、世の中の流れに異議を唱えている個所がいくつも見られる。その反骨精神がいつの間にか多感だったころの私の心に無意識ながら刻まれていたようである。

その芸術論は「優れた音楽は、民族の特殊性を通過して初めて、普遍性に到達する」という視点に立っている。普遍的なものに到達するには、脳の深部で響く民族的な音に耳を傾ける必要があり、その響きを譜面に下ろすまでには時間がかかる。そのもっと深部には

伊福部 達（いふくべ とおる）

民族を超えた人類あるいは生命が共有する感性が息づいていると信じ、そこに到達したいという思いが淡々と書かれている。その結果生まれるものは、「大楽必易」すなわち「優れた音楽は必ず聴く者に分かりやすいものだ」と説いている。

北大と東大における教育・研究を通じて一貫して「障害という特殊性から人間が持つ隠れた能力が見えてくる」という視点で福祉工学の分野を歩き続けて四〇年近くになる。時々「よくもそんなに長い間同じことを続けてきた」とあきれられ、「君の研究は分かりやすいが学問的でない」とも言われる。私にはやっと研究が緒に就いたという感じであり、誰にでも分かってもらえる研究を続けたいと思っている。著者は一昨年、九一歳で亡くなったが、七〇年を超える作曲活動を通じて独自に築いた芸術論を貫き通した。この青春の一冊はいまだに私の研究生活を支える大きな柱となって息づいている。（二〇〇八年二月五日号）

〈執筆者紹介〉

一九七一年北海道大学工学研究科修士課程修了。工学博士。北海道大学助教授等を経て、二〇〇二年より二〇一一年まで先端科学技術研究センター教授。。専門は福祉工学・音響工学・生体工学。主要著作に、『音の福祉工学』（コロナ社、一九九七年）、『福祉工学の挑戦』（中央公論新社、二〇〇四年）など。

75

改めて自分を見つめる機会に

『生きがいについて』

神谷美恵子

（みすず書房、一九六六年）

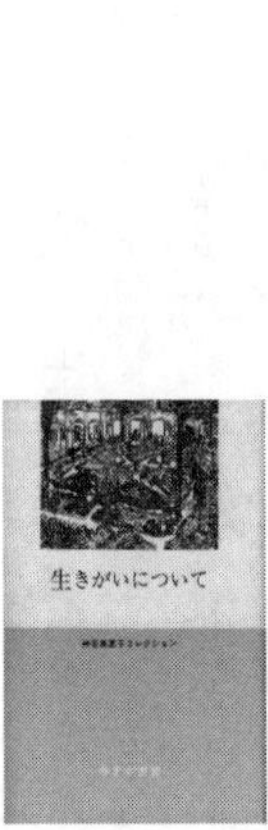

藤井 眞理子（先端科学技術研究センター教授）

ようやく落ち着きを取り戻しつつあった駒場キャンパスに入学したのは一九七〇年代半ばのこと。文科Ⅱ類に入ったものの、進学先に迷いがあった私は、もっぱら少人数演習に参加して幅広い分野の授業を楽しんでいた。図書館の映写室で学んだ建築史、洋書が山積みの研究室で輪読したケインズ全集、論文を発表するまでのご指導をいただいた政治学のフィールド調査、そして、毎回活発な議論の尽きない佐藤誠三郎先生の政治学演習などが思い出される。とりわけ佐藤先生の演習では、毎週、一冊、社会科学の名著を読み、レポートにまとめて提出するという課題が課されていたため、思わぬハイペースで本を読むまたとない機会を得ることができた。おそらくそこで紹介された一冊だったのではないかと記憶しているのが神谷美恵子さんの『生きがいについて』である。

二〇〇五年に『神谷美恵子コレクション（全五冊）』も刊行されたので、書店で見かけた方もいるかもしれない。ハンセン病患者の療養施設である瀬戸内海の長島愛生園での出会いを中心に、人間の生きがいについて少しでも知りたいとの著者の思いを論考としてまとめたものが本書である。

東西の思想家や科学者などの著作にみる彼らの生きがいへの思い、あるいは文学作品に描かれている生きる意味についての思索なども幅広く論じられている。精神科医である著者が感じた生きがいをめぐる問いが愛生園での調査を基礎としつつ、深く掘り下げられている。

一九五〇年代後半から一九六〇年代にかけて執筆されているため、社会通念の理解などに多少の違和感があるかもしれないが、著者の淡々とした筆致は「生きがい」という情緒的になりやすいテーマを冷静に見つめ、穏やかに語りかけている。日々をそれなりに送っていれば気にもかけないテーマであり、読み手によって感想はさまざまであろう。読んでわくわくしたり、学問への道が開かれたりというようなご利益がただちに得られる本とは少し違う。毎日を目の前の問題に流されながら過ごしがちな私たちに、少し足を止めて自分を見つめる時間を持ってはどうかとそっと教えてくれるような著作である。

私自身はといえば、結局、まずは人の生きがいの選択を制約する経済的な問題に取り組もうと考え、経済政策に携わることからキャリアをスタートした。その後、米国の大学院への留学や政策現場での研究、予算や金融にかかわる行政などの経験を経て、現在はファイナンスや金融工学のテーマを中心に研究している。不確実な世界における金融に関連した意思決定などを分析する、比較的新しい学問分野である。

学生時代には経済学の古典や丸山真男先生、マックス・ウェーバーの著作にお世話になったことを振り返ると、そうした中の一つを青春の一冊として取り上げるべきかもしれない。しかし、このコラムの依頼をいただいたときにまず思い浮かんだのは神谷美恵子さんの著書だった。本郷の学部を卒業して三〇年、本書のメッセージを思い起こし、改めて自分にできることの意味を考える機会は今も少なくない。

（二〇〇七年七月三一日号）

藤井 眞理子（ふじい まりこ）

〈執筆者紹介〉

一九七七年経済学部卒業。大蔵省（現財務省）入省後、理財局・主計局等の勤務を経て、二〇〇四年より現職。専門はファイナンス・公共政策。主要著作に、『現代ファイナンス理論』（共著、東洋経済新報社、二〇〇五年）、『金融革新と市場危機』（日本経済新聞出版社、二〇〇九年）など。

76

頭蓋骨から夢読む男と自分重ねる

『世界の終りとハードボイルド・ワンダーランド（上・下）』

村上春樹

（新潮社、一九八五年）

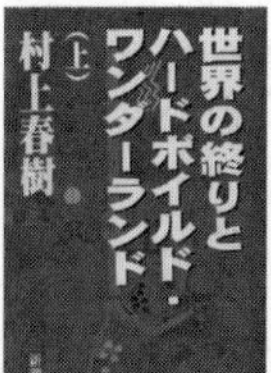

丸川 知雄（社会科学研究所教授）

永遠に続くかと思われた大学の四年間も残すところあと数カ月。就職は決まったし、卒業も問題ない。バイトで多少金もたまった。普通ならここで卒業旅行に行くところである。だが、私はその数カ月を革新系無所属の豊島区議の選挙応援に費やした。四月末の統一地方選に向け、一月ごろから準備に入る。まず、区内全域で民家を訪ねて事前ポスターというものを張らせてもらう。公示日前にはきれいに撤去し、指定された掲示板に本ポスターを張る。その他、駅頭での演説や寸劇、徒歩での遊説など、候補者名の売り込みに手を尽くした。

公示日が近付くにつれ、北大塚の区議事務所にはいろんな人が応援に集まってきた。印刷業者や運転手は世を忍ぶ仮の姿で、心の中では世直しへの熱き思いを捨てていない人たち、フリーライターのお姉さん、わい談が好きな在日三世と韓国からのギター留学生、政治的にも性的にも過激なおばさんなどなど、大学生活四年間の中でもこの時ほど個性豊かな人たちと巡り会った時はなかった。夜な夜な宴会になって、昔のフォークや韓国の民謡やらが飛び交ったり、男性が処女喪失体験を語り出したりと、楽しいことこの上なかった。

三〇代以上の人たちとその子供たちが出入りすることの多かった事務所に、唯一私と同世代の女性がいた。彼女は美大生や保母を経験したり、その他ここには書けないようなことも含めて、私より人生経験ははるかに豊富だった。いつしか互いに意識するようになっていたが、その彼女が「村上春樹がもう俺はこれ以上書けない、と筆を折ってもいいぐらいの傑作」だと言っていたのが、『世界の終りとハードボイルド・ワンダーランド』である。

もちろん村上春樹はすでに人気作家で、大学のクラスにも何人も村上ファンがいた。私も試しに読んでみたが、正直なところ余りピンとこなかった。だが、事務所で借りて読んだ本書は妙に心にずっしり来るものがあった。

この小説では、あの世みたいな静かな世界で、頭蓋骨から夢を読むことを仕事にしている男の話（「世界の終り」）と、ハードボイルドな活劇とが交互に繰り返される。私は卒論のために二〇年以上昔の論文を何十本と読んだが、もう絶えてしまった論争をたどる自分と、死体に刻まれた夢を読む男の姿とが重なった。「世界の終り」の根底に流れる生に対する諦観《ていかん》が、いま人生の節目を迎えつつある自分に深く染み込んだ。この本を教えてくれた彼女との交際に入っていけなかったのも、この本を読んでから私がそうした諦観にどっぷり浸ってしまったからかもしれない。

さて四月に入って私は仕事に通うようになったが、選挙運動にも精を出し、最後には仲間たちと当選を喜び合った。あれからちょうど二〇年たった。あの頃自分を覆っていた諦観の霧は徐々に晴れ、現世に対する関心と欲望とが増していった。結局、私は「世界の終り」の住人にはならなかったが、その残像は今も心の隅に残っている。

（二〇〇八年二月一二日号）

〈執筆者紹介〉

一九八七年経済学部卒業。アジア経済研究所研究員等を経て、二〇〇七年より現職。主要著作に、『現代中国の産業』（中央公論新社、二〇〇七年）、『労働市場の地殻変動』（名古屋大学出版会、二〇〇二年）、『「中国なし」で生活できるか』（ＰＨＰ研究所、二〇〇九年）、『中国企業のルネサンス』（共著、岩波書店、二〇〇九年）など。

77

憧れの著者と大学で対面

『記号論への招待』

池上嘉彦

（岩波書店、一九八四年）

阿部 公彦（人文社会系研究科准教授）

入学時の私にとって、東京大学といえば「池上嘉彦」のいる大学だった。

『記号論への招待』は池上先生の代表作では必ずしもないが、おそらくもっとも一般に知られているタイトルだろう。当時高校生だった私は本屋に平積みになっていた岩波新書新刊の一冊を手に取り、その明晰な文体に魅了されて早速購入、むさぼるように読み東大での勉学に夢膨らませた、というと、話が大変うまいのだが、読んだのは大学に入ってからかもしれない。現物が無くなってしまったので確認はできないが、初版の出版年からすると計算は合う。いずれにしても私にとっては大変タイミングの良い出会いだった。

何しろニューアカの時代、小難しい本の多い時代だった。簡単なことを難しげに語るのがカッコイイとされ、「白け世代」の余波もあって、だらだらと脱力的な文章も流行。そういうわけで、「そうか、わかった！」と素直に言えるような読書体験に私は飢えていた。

高校時代、ある先生の影響で、言語学の入門書をいくつか読みかじっていたが、個別の事例について「へえ」と思うことはあっても、その先が今ひとつはっきりしなかった。「そうか、それなら、こういうことも言える」という、自分でも参加できる実感がわかない。その点、『記号論への招待』は、ゲリラ的に考えるための刺激に満ちていた。鉛筆で線を引っ張るうちに、ページを繰るのを忘れるということもしばしばで、「むさぼるように」だったのは間違いないが、読み終えるのに時間がかかったと思う。

変な話だが、私は字を読むのが苦手なのだ。活字中毒の人は、道を歩いていても看板を読み、電車に乗れば隣の人の本を読んでしまうそうだが、私の場合、それなりにサービスしてもらわないと、文章を読めない。

池上嘉彦は決してサービスの良い人ではない。大学入学後、さっそく「意味論」という授業に出たが、受講者二人。五限。外は暗い。冗談なし。脱線なし。お愛想なし。池上先生がホワイトボードに向かって、ささやくように抑揚なくしゃべるのを聞いていると、幾ら「これがあの池上嘉彦だ！」と心の片隅では感動していても、いつしか眠気が襲ってきた。

ところが、このドライで素っ気ない語り口が、活字になると（実際そのまま活字になっている）たいへんいいのだ。余計な媚びもなく、すっすっと思考のツボを押さえていく所に、こちらの考える衝動を誘発する不思議な力があった。私にとっては記号論に入門したことよりも、あんなに分かりやすい文章で、あんなに面白いことを語りうることが分かったのが重要だったのだ。

「意味論」の授業の後、進路について相談に行くと、池上先生は「文学か言語学か迷っているなら、英文科になさい。どっちもやれるから」と活字のような語り口でおっしゃられた。私はその通り英文科に進学、結局言語学を専攻には選ばず、英文学の道に進んだ。その後学部生として参加した「英文学的野球戦」と称する怪しげな草野球大会で、何とあの池上先生がピッチャーをやっておられる。よく分からないけど、世の中はこうしてつじつまが合うのだな、と思ったものである。

（二〇〇六年九月一九日号）

阿部 公彦（あべ まさひこ）

〈執筆者紹介〉

一九九七年ケンブリッジ大学大学院博士課程修了。帝京大学専任講師等を経て、二〇〇一年より人文社会系研究科助教授（二〇〇七年より現職）。専門は英文学。主要著作に、『小説的思考のススメ』（東京大学出版会、二〇一二年）、『文学を〈凝視する〉』（岩波書店、二〇一二年）など。

78

生きていることが表現となる
『精神としての身体』

市川　浩

（勁草書房、一九七五年）

渡部　泰明（人文社会系研究科教授）

「青春時代に最も人生を左右した本」を語れ、とのことであるが、正直にいえば、私の場合それは、本というより、高校一年生の時観た芝居であった。それも演劇部の文化祭公演である。『アイと死をみつめて』というふざけた題の創作劇ながら、めくるめくほど心を動かされ、早速その演劇部に入った。だが先輩の部員たちはその公演を最後に全員引退し、一緒に劇は作れなかった。そのくせ野田という名のその創作劇の作者は、次の年の文化祭でクラス劇を行った。『ひかりごけ』と題され、武田泰淳の名作をまるで別世界に書き換えてしまった劇だった。教室の隅で、作者野田秀樹氏自身を主演とする出演者四人、舞台装置も大道具も衣装も照明もまともにない舞台だったが、以後もこれほど感銘を受け

渡部 泰明（わたなべ やすあき）

た芝居には出会っていない。もちろん、やる方も見る方も多感な頃だったからだろうけれども。大学に入ったら、野田さんと一緒に芝居を作りたい、という思いは決定的となった。

この後一年先輩の野田氏は一浪して東大に入り、幸い現役で受かった私は、一九七五年、東大演劇研究会に同時に入った。翌年、野田秀樹氏を主宰として、劇団夢の遊眠社を旗揚げする。こうして芝居ざんまいの四年間を過ごした。四年で済んだのは、プロの役者になる自信がなかったからである。もちろん（？）勉強はまったくしなかったから、大学には六年間在学した。

市川浩さんの『精神としての身体』は、芝居ざんまいのさなか、議論好きの演劇青年たちに向けての理論武装のために読んだ。見栄を張るための偏った読み方に違いないが、存外必死でくらいついた。一番心動かされたのは、私たちが、この身体をもって生きているだけで、それは表現をしていることになる、という論旨――もとより勝手な読み取りだが――であった。一九五七年に生まれた私などの世代は、学園紛争を起こした上の世代から、三無主義とやゆされた。無気力・無関心・無責任、社会への主体的な行動・発言に欠けると。けれども、生きていることがすなわち表現なら、全身で何かを演じるだけで、十分に鋭角的な表現行為となりうるだろう。仮に何かの概念や理念に置き換えられないものであっても、むしろ置き換えられないものであるだけに、人とともに生きることの深部に届くはずだ。未熟ながらも、そんな確信に導いてくれた。

大学院では、できるだけ演劇から離れようと、国文学のうち、和歌文学の研究を選んだ。演劇が変化し続けることを本質とするなら、一番変わらないものをやってみようと、意地になって思った。二〇〇九年に『和歌とは何か』という新書を出した。自分の和歌研究の総決算のつもりで、「和歌は演技である」という仮説を提示した。何のことはない、三〇年かかって同じ所へ戻ってきたのだった。若いころ必死になってこだわったことが、結局最後のよりどころとなるのだな、と実感するばかりである。

（二〇一〇年一月一日号）

『精神としての身体』

〈執筆者紹介〉

一九八六年人文科学研究科博士課程中途退学。上智大学助教授等を経て、二〇〇六年より現職。専門は和歌文学・日本中世文学。主要著作に、『中世和歌の生成』（若草書房、一九九九年）、『和歌とは何か』（岩波書店、二〇〇九年）、『シリーズ和歌をひらく（全五巻）』（共編、岩波書店、二〇〇五年・二〇〇六年）など。

79

生活の骨組みとしての料理

『丸元淑生のシステム料理学——男と女のクッキング8章』

丸元淑生

（文藝春秋、一九八二年）

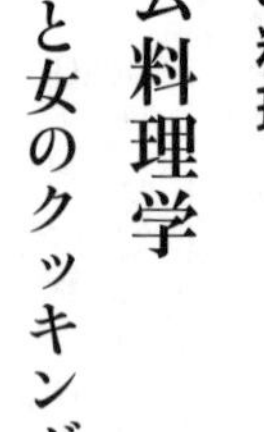

齋藤 希史（総合文化研究科教授）

「青春の一冊」と言われて思い浮かんだのは、『丸元淑生のシステム料理学——男と女のクッキング8章』である。親元を離れて京都で学生生活を送っていたころ、すごく面白い料理本を見つけたから読んでみろと高校の同窓の先輩に言われて買った本だ。たしかに面白かった。料理本と言えば、レシピと材料が見やすく載っているのが普通であるはずなのに、この本はとにかく理屈が多い。しかも文体がいささか大げさである。「まえがき」には「豆腐やいもを通さなければ見えないものもあり、一人の貧困者が、いささか並外れた生の欲求のゆえに、いものうたをうたったと思っていただいてもいい」と書いてある。並外れた生の欲求！ いものうた！ 実践はいかにと読めば、築地でちりめんじゃことたら

『丸元淑生のシステム料理学――男と女のクッキング8章』

こをキロ単位で買えと書いてある。なぜちりめんじゃことたらこを築地で？　読者は面食らうばかりだ。みなさん楽しく料理を作りましょう、とか、三分で豪華な料理ができます、ではない。そんなものは料理じゃないと著者は言う。料理はシステムなのだと言う。システムのためには「装備」が必要だ、ちりめんじゃことたらこはまず備えるべき「装備」だ、と。

　たしかにそうなのだった。大学に入る前は登山に明け暮れていたので自炊は苦にはならなかったし、料理を作ること自体が好きだったから、寮食のない日曜日などは朝から豚肉を煮込んでいたり、お金もなかったから、近所のパン屋さんで「へたぱん」（スライスに切る前の食パンの両端の部分）をただでもらってきて、安売りのトマトソースとスライスチーズでピザトーストと称していたりしたのだったが（「へたぱん」は、何せ片面全部が「耳」なので、ピザトーストには最適）、まったく行き当たりばったりの食事であって、システムではなかった。この本はいったい何なんだろうと思いつつ、料理本とは思えない大真面目な文体を笑いつつ、これはすごいなとも思った。すべてを実践するのは難しそうだが、料理をシステムとして捉えることで、生活の骨組みができるような気はした。

　今日は何を作ろうかというその日暮らしの「きょうの料理」ではダメなのだという説教は、あまりに自由で自堕落になりがちな（そしてそれなりに悩みの多い）学生生活を、すんでのところで此岸に引き留めるくらいの効果はあったにちがいない。とにかく腹は減るから飯は食わないわけにいかない。外食は高くつくから自炊をするのが経済的だ。そのとき、料理という小さな作業がじつは自分自身の生活のシステムを構成する大事な実践なのだと言われれば、この本に従ってそば粉のパンケーキを朝食に作っただけで、どこか前向きに生きているような気にはなったのだった。七〇度以上の温度でさっとゆで上げたレタス一玉をしゃりしゃりと「嚥下《えんげ》」（と書いてあった）しながら、何だか充実を感じていたのだった。「青春の一冊」だと思う次第である。

（二〇一〇年一一月一五日号）

齋藤 希史（さいとう まれし）

〈執筆者紹介〉

一九九一年京都大学大学院博士課程中途退学。奈良女子大学助教授等を経て、二〇〇二年より総合文化研究科助教授、二〇一二年より現職。専門は中国古典文学。主要著作に、『漢文脈の近代――清末＝明治の文学圏』（名古屋大学出版会、二〇〇五年）、『漢文スタイル』（羽鳥書店、二〇一〇年）など。

80

放浪の魅力に憑かれて

『暗い青春・魔の退屈』

坂口安吾

（角川書店、一九七〇年）

田原 史起（総合文化研究科准教授）

坂口安吾の『暗い青春・魔の退屈』という一冊が、一九八〇年代の後半、かなり自堕落な大学生だった小生がバイブルとしていた本である。確か二年生のころ、国分寺に下宿していた大学の友人の部屋で出会った。「無頼派」の作家として知られる安吾の少年期から青年期までを題材とした自伝的随筆を集めたもので、代表作の『堕落論』とともに、身に染み込むくらい、随分と繰り返し読んだ。

安吾の有名なフレーズとして「生きよ、堕ちよ」というのがある。虚飾やうわべのとりつくろいを捨て、裸のままの孤独な自分に戻れ、ということである。この本で安吾が自らの生い立ちを語りながら、大酒を飲み、「やけっぱち」な感じで日本各地を放浪しながら、「生

田原 史起（たはら ふみき）

きて堕ちる」ことをそのまま実践していくそのスタイルは衝撃的だった。細かい主張というより、安吾の生活のもつ独特の空気感と「構え」そのものに心酔してしまったのである。感化されやすいのは「青春」の特権であろう。

小生なりの「生きて堕ちる」ことの実践は、大学の授業にほとんど出席しない、という形で現れてしまった。教室に行かない代わりに、ファミリーレストラン・すかいらーくに毎晩こもって、コーヒー一杯だけを注文して雑多な書物をただ読んでいた。当時の学生には、「授業に真面目に出席するのは格好悪い」という気質があったことも確かである。周りの要領の良い学生と違い、小生の場合はただ単に授業に出ないだけで勘所を押さえていないので、特に語学の単位を取得するのには四苦八苦した。

中国で「六四天安門事件」の起こる直前の一九八九年四月、大学の四年次を休学し、留学ではなく、放浪することそのものを目的として中国に渡った。今もあるのか分からないが、神戸と上海を結ぶ「鑑真号」というフェリーが出ており、片道二万円で中国に渡れたのである。その道中も常に『暗い青春』と『堕落論』を携えていた。雲南の西双版納を回った後、北京大学に学籍を置いて滞在したが、間もなく天安門事件発生、あえなく一時帰国となった。夏に再び渡航。北京を経由し、そのままシルクロードを目指して七〇日間の旅に出た。晩秋に北京大学に戻るも、中国語の授業には出席せずじまい。翌年一月、北京から香港を経由してインドに四〇日間の旅をし、二月に東京に戻った。

安吾の影響の下で、堅実に人生プランを練ることや、まして要領よく生きることを笑い飛ばし、無目的にさすらうことに純粋さを見いだしていた。世間的な評価からは無関係であろうとした。将来研究者になることを考えると、多感な青春の時期にやっておくべきこと、見ておくべき場所、読んでおくべき本はいくらでもあったはず。その意味では、実にもったいないことをしたと思う。

一九九〇年、安吾の陰を引きずったままで大学院を受験して失敗、大学院受験浪人となる。翌一九九一年春、入学六年目にして初めて、大学の授業を面白いと思った。中国に関わる授業を片っ端から受講したのである。あまりに遅すぎた、安吾からの「卒業」であった。

（二〇一二年六月一二日号）

〈執筆者紹介〉

一九九八年一橋大学大学院社会学研究科博士課程修了。博士（社会学）。新潟産業大学講師等を経て、二〇〇二年より総合文化研究科助教授（二〇〇七年より現職）。専門は中国社会論。主要著作に、『中国農村の権力構造』（御茶の水書房、二〇〇四年）、『二十世紀中国の革命と農村』（山川出版社、二〇〇八年）、《日本視野中的中国农村精英》（済南：山东人民出版社、二〇一二年）など。

81

不安と期待の入り交じるなか東京へ

『青春の門』

五木寛之

（講談社、一九八九年）

岡村 定矩（法政大学教授）

「骨嚙《ほねか》み」という行為によって死者を弔うという風習があることを私が知ったのは、『青春の門』（筑豊編）を読んだことによる。

一九六九年一月一九日、安田講堂の「落城」によって東大闘争は世間的には終止符を打った。しかし、私にとってはそこが始まりであった。寒村に生まれ、国家や社会の仕組みなど考えたこともなく東大に入学した若者にとって、突きつけられた問いかけは重くのしかかった。「国家権力の頂点に立つ人間を養成するのが東大だ。その中に組み込まれて行く現実を、日常性の中に埋没させて無批判に過ごしてきたおまえはどう生きるのか」。理学部の学生大会では授業再開に反対する無期限ストライキの提案が喧喧諤諤《けんけんそうそう》の議論となった。

一学年六名しかいない天文学科でも、授業ボイコットを巡って深刻な分裂が起きていた。

そんな状況の中、私の心の中では、「このまま東大にいて将来搾取階級になるよりは、郷里の山中で百姓を続けて静穏な人生を送るのがよいのではないか」という思いすら出始めていた。高橋和巳の暗い純粋な世界にも引かれていった。親友の説得で、退学して郷里に帰ることは思いとどまったが、再開された授業に出て何事も無かったかのようにかつての生活を始める気持ちにはどうしてもなれなかった。そんな中、私の生活の支えであった東大襖クラブの財政が破綻して存亡の危機を迎えた。生活がかかっていたので、私はマネージャーとしての再建の重荷も担うことになった。クラブへ納入すべき金を滞納したままになっている何人かの部員の居所を探して督促に歩いた。

時は過ぎ、秋の大学院入試に滑り込みで合格したものの、私はまだ前途に展望を見出だせないでいた。このまま、人生の根本に関わる問いかけに答えることなく、大学院に進んで天文学を続けることはできない。しばらく日本を離れて世界中の人間の生き様をこの目で見てみたい。その思いは時とともに募り、ヨーロッパ・アジアを自動車で半年間巡る放浪の旅を仲間四人で計画、一九七一年二月、冷たい小雨の降る横浜港からナホトカに向けて旅立った。ナホトカからハバロフスクまで列車、そこから飛行機でモスクワへ、さらに所々寄り道しながら列車でフィンランド、スウェーデン、デンマークを経由してハンブルグへ。

岡村 定矩（おかむら さだのり）

富士重工業のご厚意で無償で提供して頂いた車二台をそこで受け取り、ヨーロッパ各国を巡り、イスタンブールからアジアハイウェイ一号線をラホールまで走り抜いた。

五カ月に及ぶ旅を終えても、私の人生の根本問題は解決しなかった。しかし、トルコ、イラン、アフガニスタンなどで出会った遊牧の民や市井の人々の生活、カンダハル郊外の砂漠で見た地平線まで見える、降るような星空など旅で見た人々と風景は、私の心の中の思い詰める気持ちをいくらか柔らげていた。私は何とか大学に復帰した。

その頃出会ったのが『青春の門』である。最初の舞台となる筑豊は私の郷里（玄界灘に面する本州最西端）に近く、戦前の石炭景気の影響はそこまで届いていた。子供の頃、馬喰をしていた私の叔父が酔っぱらうとよく、若い頃筑豊の石炭運びの人夫をした時の話をおもしろおかしく話していた。最初はそんなきっかけで手に取ったが、読み進むうちにとりこになった。伊吹信介が、筑豊という田舎で子供から少年になり、不安と期待の入り交じるなかで、一人で生きることを決心して東京へと旅立つ筑豊編。そして自立編、放浪編と続くシリーズに描かれる物語は、個別の状況は全く違っていたにもかかわらず、心の中で私の人生の歩みと見事に重なった。人間が生きることの息吹のようなものに深く感動して、肩を押されるような気がした。しばらくして私はどうにかまっとうな大学院生に戻っていった。

いまだに折に触れて、いくつかの場面を思い浮かべる。七年前母親が亡くなって、母の位牌と小さな骨壺を持って帰京した日の深夜、ふと伊吹信介が東京に出る朝霧の中に浮かぶボタ山を眺めてした「骨噛み」が頭に浮かんだ。私は一人杯を傾け、貧困の中で多くの子供を育てた私の母の骨を噛んだ。

（二〇〇七年一月一日号）

〈執筆者紹介〉

一九七六年理学系研究科博士課程単位取得退学。理学博士。東京天文台助教授等を経て、一九九三年より理学系研究科教授。理学系研究科長、理事・副学長等を経て、二〇一一年より現職。専門は銀河天文学・観測的宇宙論。主要著作に、『銀河系と銀河宇宙』（東京大学出版会、一九九九年）、『宇宙観5000年史』（共著、東京大学出版会、二〇一一年）など。

82

輝ける近代欧州の裏に潜む闇

『甘さと権力』

シドニー・W・ミンツ（川北稔＝和田光弘訳）

（平凡社、一九八八年）

足立 信彦（総合文化研究科教授）

四〇歳頃に読んだある一冊の本のことを書こう。その年代は、私にとって、まさに第二の青春というべき時間であったから。

私が所属している総合文化研究科地域文化研究専攻という大学院は素晴らしい組織だ。四〇人を越える、世界のほぼすべてをカバーできるほどさまざまな地域の専門家が集い、互いに教えあい、刺激しあっている。私は独文の大学院を出たので、それまでの同僚はドイツ文学研究者ばかりだった。だが、この組織に所属するようになって、私の視野は一気に、いや爆発的に広がった。

今から一〇年ほど前、この専攻で知り合った何人かの同僚とカリブ海に調査旅行に出かけたことがある。一行の中には、中南米、北米、中国、フランスの各専門家、そして私がいた。調査の目的は、カリブ海地域における移民の実態調査だったのだが、この地域にドイツ語が通じる国は一つもないので、もしこれらの同僚たちと知り合わなかったら、私には一生縁のない場所だっただろう。

ところが、この旅行体験は、縁がないどころか、私を魂の奥底から揺さ振り、突き動かすことになった。私は、それまでに積み上げてきた知識と築き上げてきたものの見方を根本的に見直さなければならなくなったのだ。

ジャマイカで、首都の大通りを、夢遊病者のように多くのさまよう男たちを見た。屋根のない家で暮らすスラム街の人々を見た。きらびやかなショッピングセンターの入り口に立つマシンガンで武装したガードマンを見た。圧倒的な貧富の差、絶望、彼らが私たちに向ける、刺すような視線。

ガイアナの首都では、異様に足が腫れあがった病人がただ道端にうずくまっているのを見た。植民地時代に活躍したであろう鉄道の軌道がただ荒れるにまかされ錆びついているのを見た。一軒しか見つからなかった小さな本屋で、ただ一冊の教科書すら現地の人々には手が出ない高値で売られているのを見た。宗主国からの独立がもたらした荒廃、お粗末な医療と教育。

足立 信彦（あだち のぶひこ）

独立は植民地主義からの解放などではなかった。それはたしかに表舞台からは消えたけれども、いまだにこれらの国々の心臓を鷲掴みにしている。

重たく混乱した印象を日本へ持って帰った私に、同僚のひとりが一冊の本を奨めてくれた。シドニー・W・ミンツ著の『甘さと権力』。そこには、サトウキビのプランテーションと奴隷労働を通して、何百年もの間、ヨーロッパ諸国によって徹底的に搾取されたカリブ海地域の歴史がつづられていた。しかし、その数百年間は、同時に、極東の我々ですら今なお恩恵をこうむっている、ヨーロッパの輝かしい学問思想、科学、芸術、政治制度が生み出された時期でもある。私は、プランテーションや奴隷制度がヨーロッパ近代と同時代に存在していたことを知識としては知っていた。だが、恥を忍んで告白するが、ただの一度たりとも、その二つを結びつけて考えたことがなかった。ヨーロッパの輝かしい表の姿を、人類史でもまれな暴力を被ったカリブ海地域から逆照射すればどのようなシルエットが浮かび上がるのか、と考えたことがなかった。

ドイツ文学研究というディシプリンの中で私がそれまで学んできた文化と歴史には、そのような視点は毫も含まれていなかった。それには、ドイツが植民地経営に乗り出すのが遅かったこと、カルチュラル・スタディーのような学問がまだ登場していなかったこと、などいろいろな原因を挙げることができるだろう。しかし、それは言い訳にはならない。

そのつもりで探せば、手がかりはいくらでも見つかったはずだからだ。改めて読み直してみると、ドイツ文学や文化のカノンとも言えるテクストの中にすら、カリブ海地域や奴隷制度に言及した箇所が次々と見つかる。英語やフランス語によるテクストがそうであることは言うまでもない。

あの旅行によって、私がヨーロッパを見る眼は根本的に変わってしまった。それまでの私が、ヨーロッパがそう見せたい、そう見られたいと望む姿を見てきたとすれば、それ以降の私は、かれらの望ましい姿を転倒させることのできるアルキメデスの点を求めてヨーロッパのテクストを読むことになった。私がようやく私なりのヨーロッパ像に辿り着き、一書（『〈悪しき〉文化について』）にまとめることができるのは、それから一〇年ののちのことである。

（二〇〇六年一〇月一七日号）

〈執筆者紹介〉
一九八五年人文科学研究科（当時）博士課程退学。東北大学助教授等を経て、二〇〇四年より現職。専門は近代ドイツ文化・ドイツ思想。主要著作に、『〝悪しき〟文化について』（東京大学出版会、二〇〇六年）岩波講座　開発と文化4『開発と民族問題』（共著、岩波書店、一九九八年）、ライブラリ相関社会科学4『言語・国家、そして権力』（共著、新世社、一九九七年）など。

83

「青春の一冊」と出会わなかった幸せ

佐藤 俊樹（総合文化研究科教授）

結論からいうと、私には「青春の一冊」がない。本を読まなかったわけではない。本は大好きだし、ジャンルは問わない。マンガももちろんＯＫ。漢文やドイツ語、数式入りでも骨は折れるが、なんとか読める。

最初に東京の街を歩き回ったのも、本目当てだった。大学受験のときだ。予約したホテルについて一休みした後、フロントにいって、「近くに本屋ありますか？」とたずねた。大事な参考書を荷物に入れ忘れて、急いで買いに行きたかった、のではない。東京には大きな書店があって、たくさん本が並んでいるはずだ、とわくわくしていたのだ。受験先の大学の下見なぞは後回しにして、まずは東京の書店探検に出向いた。

ホテルは渋谷の東急イン。フロント係が教えてくれたのは、最近閉店した、旭屋書店の渋谷店だった。なぜ大盛堂（当時はビルの六階分を占める大書店だった）の方を教えなかったのかは謎である。書店にあまり縁のない人だったのかもしれない。ともかく旭屋書店にいくと、期待通り、本が棚にずらっと並んでいた。感動して、いろいろ立ち読みした。『戦艦ビスマルクの最期』という本を買って戻り、夕食後、部屋でまた読んで、翌朝、早稲田大学に受験に行った。我ながら、いい気なものである。

そんなわけで、本屋の思い出も本の思い出もたくさんあるのだが、「青春の一冊」はない。たぶん、それは私の本の読み方からきている。私の知識の大半は本を経由したものだが、本の内容を素直に信じたことはない。ひねくれたガキだったわけではない（と思う）。本に書いてあるのは他人の見聞や意見。どんなに面白くてわくわくする話でも、信じるか信じないか、どう受け取りどう考えるかは、自分で決める。そうしなければならないというより、ごくあたりまえにそう思っていた。こんな風にいうと、立派な考え方に聞こえるが、なんてことはない、自分が楽しむために読んでいただけだ。

私にとって本は友達であり、楽しみであり、役に立つものだった。立ち読みで読みかじった知識で、命拾いしたことさえある。それでも、本によって私の人生が変わったことはないし、「青春」を代表するような本もない。たとえそれがあんまり自慢にならない「青春」

であっても、だ。
あえていうなら、そういう本とのつきあい方が、私の人生を決めたのかもしれない。入学したキャンパスでは、いろんな本の信奉者に出会った。ニューアカがちょうど始まったころで、マルクス主義もまだまだ元気だったし、「聖書の言葉」を掲げる宗教団体の勧誘もさかんだった。人生を決めてくれそうな本に出会い、そんな本に出会えたと信じることで自分の人生を決めた人たちに、駒場でも本郷でも何度も出会うことになった。
そんな、本との出会い方はせずにすんだ。本の神様がおられるのであれば、何よりもまず、そのことを感謝したいと思っている。私にとって本は大好きな友だちで、だからこそ、神様ではないのです。

（二〇〇六年七月一一日号）

佐藤 俊樹（さとう としき）

〈執筆者紹介〉

一九八九年社会学研究科（当時）博士課程中退。東京工業大学助教授等を経て、二〇〇六年より現職。専門は比較社会学・日本社会論。主要著作に、『桜が創った「日本」』（岩波書店、二〇〇五年）、『意味とシステム』（勁草書房、二〇〇八年）、『社会学の方法』（ミネルヴァ書房、二〇一一年）など。

84

無数の書物が現在の精神を作る

東畑 郁生（工学系研究科教授）

自分の青春の一冊とは何かと考え、愕然とした。無い。読書は精神の血肉を養うものなのに、その一冊が無い。暗澹としかけた途端、光明が差した。あのときのトンカツが自分の体をこしらえた、などということは無い。日々の食事が積もって今の肉体ができるように、営々と読んだ無数の書物が現在の精神を作るのだ。そこでこの原稿では、今まで読んだ幾つかの本の想い出を語ってみたい。

もともと寝転んで本を読むのが好きだった。小学校を出る直前に『項羽と劉邦』を読み、ハマってしまった。とたんに中国の古典に興味が湧き、中学で『中国古典文学体系』を借りて『水滸伝』、『西遊記』、『三国志演義』、『儒林外史』を熟読した。恥ずかしくて『金瓶

東畑 郁生（とうはた いくお）

梅』は借りられなかったが、中国古典の感性を理解した。『唐詩選』の『葡萄美酒』、『客舎青青』なども愛吟している。

同じころ安本美典氏の『邪馬台国への道』を読み、感想文を書くほど感動した。この興味は今も続き、古代史学者や松本清張の本は、精神疲労解消の妙薬となっている。

このような歴史への興趣はシルクロードからインド・イラン・東南アジアへ広がり、地盤災害の調査に出かけた諸国で遺跡を見るのが、無上の楽しみだ。日本古代への興味の方も平安から中世へ広がり、国内旅行の楽しみとなっている。ＳＦのジュール・ヴェルヌにもはまり、自分の空想力を大いに伸ばした。

一転して大学に入ると精神が荒み、「〇学」だの「〇〇力学」だのの世界になってしまった。楽しい本を読んだ記憶が無い。大学院の五年間は苦闘の連続で読書を楽しむ暇など皆無、あまりの苦しさに深い考えもなく、結婚してしまった。

それでも地盤関係の工学を専攻したので、二〇代の終わりに Oberlander の *Physical Geography Today* という地形学の本を読んだ。カラフルでおもしろく、侵食や山地形成など久し振りに読書を楽しんだ。*C.R.Wylie* の *Advanced Engineering Mathematics* を読んだのもこのころで、初学から一五年かかってベッセル関数や変分法を理解し、実用もした。今どきの学生は「教えてくれないからできない」などと言うが、私は大学入学以来、粘り強く独学している。だから読書は、私の人生の基本だ。

今、私の寝床は本の洪水である。網野善彦氏の『日本中世史』、大野晋博士の『日本語起源論』、ペルシア語やインドネシア語の学習書、ドストエフスキーまで散らばって支離滅裂、中でも繰り返し読むのが、池波正太郎の『剣客商売』と『鬼平犯科帳』である。書類とパソコン仕事に痛めつけられて目がくぼんでしまった時は、これが回復特効薬になる。

そんなこんなで、これはいいと思った本をまね、二〇〇八年、Springer社から地盤の耐震工学の著書を出版した。いろんな知識を一杯に詰め込んだカラー写真満載の書物である。我ながら感動もした。それにしても読書が人生の血肉という言葉は、つくづく正しいと感じるようになった。

（二〇〇九年五月五日号）

〈執筆者紹介〉

一九八二年工学系研究科博士課程修了。タイ国アジア工科大学講師等を経て、一九九四年より現職。専門は土質力学・地盤耐震工学。主要著作に、『土質・基礎工学のための地盤耐震入門』（地盤工学会、二〇〇七年）、*Geotechnical Earthquake Engineering*, Springer, 2008 など。

東京大学新聞とは

『東京大学新聞』は、東京大学を取りまく環境や現役東大生の知りたいことを、現役東大生がみずから取材・執筆し、週刊で提供しています。一九二〇年刊行の『帝国大学新聞』が前身で、東大を知る情報源として、九〇年以上学内外から高く評価されてきました。

主要な記事は、東大の今に関するものです。その際、結論だけではなく、多くの学生・教職員・企業関係者などの立場を踏まえた記事を掲載するよう心がけています。例えば一時期話題となりました秋入学制度の導入に関しましては、導入しようとする大学本部の考えを取材することはもちろん、制度導入に反対する教職員の主張もうかがい、新入生には制度の是非のアンケートを実施しました。東大にとっての秋入学がいかなるものかを多面的に検証いたしました。

また、教員・学生の研究成果や就職活動における試験対策情報、大学周辺のお勧めの店など、東大生に役立つ情報を取り上げることも本紙の大きな役割です。大学院に進学する学生が多いことを考慮し、研究室の情報や大学院生の研究の内容、生活なども紹介しています。本書にまとめられた「青春の一冊」ももとはといえば、本紙に掲載されたものです。さらに、受験生向けの、東大合格に向けた勉強法や教員による科目別アドバイスに関する記事も掲載しています。

「東大」に焦点を絞っているがゆえに、広く深く、東大の話題を取り上げることが可能となっています。このような情報は、一般紙では得られない、東京大学新聞ならではのものです。確固たる情報網にもとづいた、匿名のインターネットより信頼性が高い情報を、ぜひご入手ください。

本紙はキャンパス内の生協書籍部・コミュニケーションセンターなどで販売しています（一部一七〇円より）。郵送販売もおこなっています（送料六〇円）。一年に何度もご購入いただきます場合、定期購読をお勧めしています。七一〇〇円（一年間）、一三八〇〇円（二年間）で、毎週ご自宅まで直接ご送付いたします。詳しくは、電話〇三（三八一一）三五〇六、または、メール post@utnp.org までお気軽にお問い合わせください。

（公財）東京大学新聞社

執筆者索引

あ 行

か 行

さ 行

た 行

信山社新書

東大教師　青春の一冊

2013(平成25)年３月10日　第１版第１刷発行

編　者　(公財) 東京大学新聞社

発行者　今　井　　　貴
　　　　稲　葉　文　子

発行所　㈱　信　山　社
〒113-0033 東京都文京区本郷6-2-9-102
電話　03(3818)1019
FAX　03(3818)0344

Printed in Japan

印刷・製本／東洋印刷

ISBN 978-4-7972-8101-9 C1200